政府资产中
土地资源核算问题研究

朱 贺◎著

中国财经出版传媒集团

经济科学出版社
Economic Science Press

图书在版编目（CIP）数据

政府资产中土地资源核算问题研究/朱贺著 . -- 北京：经济科学出版社，2023.4

ISBN 978 - 7 - 5218 - 4727 - 7

Ⅰ.①政… Ⅱ.①朱… Ⅲ.①土地资源 - 核算 - 研究 Ⅳ.①F301

中国国家版本馆 CIP 数据核字（2023）第 070454 号

责任编辑：崔新艳　梁含依
责任校对：郑淑艳
责任印制：范　艳

政府资产中土地资源核算问题研究

朱　贺　著

经济科学出版社出版、发行　新华书店经销

社址：北京市海淀区阜成路甲 28 号　邮编：100142

经管中心电话：010 - 88191335　发行部电话：010 - 88191522

网址：www. esp. com. cn

电子邮箱：expcxy@ 126. com

天猫网店：经济科学出版社旗舰店

网址：http：//jjkxcbs. tmall. com

北京季蜂印刷有限公司印装

710×1000　16 开　10 印张　180000 字

2023 年 7 月第 1 版　2023 年 7 月第 1 次印刷

ISBN 978 - 7 - 5218 - 4727 - 7　定价：48.00 元

（图书出现印装问题，本社负责调换。电话：010 - 88191545）

（版权所有　侵权必究　打击盗版　举报热线：010 - 88191661

QQ：2242791300　营销中心电话：010 - 88191537

电子邮箱：dbts@ esp. com. cn）

本书为国家社科基金重点项目"政府部门资产负债核算研究"（15ATJ003）结项成果之一；受浙江省重点建设高校优势特色学科（浙江工商大学统计学）资助；受统计数据工程技术与应用协同创新中心资助。

前　言

中共十八届三中全会通过了《中共中央关于全面深化改革若干重大问题的决定》，明确提出要加快建立国家统一的经济核算制度，编制全国和地方资产负债表。2015 年 9 月 17 日，国务院办公厅公布了《编制自然资源资产负债表试点方案》。党的十九大报告再次提出了改革生态环境监管体制，设立国有自然资源资产管理和自然生态监管机构，统一行使全民所有自然资源资产所有者职责。政府资产负债表的编制和自然资源资产负债表的编制均是国家"十三五"时期重要的统计工作。

政府资产负债表的编制涉及金融资产和非金融资产，非金融资产中不可避免地涉及自然资源，土地则是与政府资产负债关系最为密切的自然资源，因此，要编制全面的政府资产负债表，就必须完成对政府资产中土地资源的核算。而土地资源种类繁多，哪些应当纳入政府资产负债核算中？纳入政府资产负债核算的依据是什么？纳入政府资产负债的土地的价值量如何核算？这些都是编制政府资产负债表必须要解决的难点问题。本书将以政府资产负债核算中的土地资源为研究重点，探索土地资源核算的基本原理，讨论政府资产中土地资源的核算范围，研究各类土地资源的价值核算方法，以期为各地方政府部门资产负债表的编制提供理论支撑和实践操作的参考依据。

基于上述目的，本书主要做了以下研究工作。第一，梳理政府资产中土地资源核算的相关理论，阐述土地资源与国家资产负债、政府资产负债和自然资源资产负债之间的关系。第二，根据国土资源部发布的《土地利用现状分类》，分析我国土地分类现状及成交现状，基于法律所有权、使用权与发展权的角度以及不同类型土地与政府偿债能力的相关性，确定纳入政府资产账户的土地资源类型。第三，根据土地的获取途径，分析市场交易途径获得的土地与非市场交易途径获得的土地价值核算方法的区别，针对非市场交易途径获得的土地价值核算方法进行分析。第四，选择具有代表性的综合行政用地、公园用地以及公路用地三类土地，分析此类非市场交易土地适用的价值核算方法，并开展实际案例分析。第五，从土地基础数据的完善、土地价值核算方法的创新、土地资源负债核算、土地资源核算数据的开发利用四个方面提出了未来展望。

本书是在作者博士学位论文的基础上修订而成，求学和工作期间得到诸多帮助，感激之情难以言表，故通过后记表感恩之情！

目　　录

第一章

导　论

第一节　研究背景和意义

一、研究背景

（一）编制国家和政府资产负债表的需要

党的十八届三中全会通过了《中共中央关于全面深化改革若干重大问题的决定》，明确提出要加快建立国家统一的经济核算制度，编制全国和地方资产负债表。编制全国和地方资产负债表可以揭示经济总体和各机构部门的资产配置情况，以及机构部门之间的债权债务关系，更全面准确地分析判断国民经济状况，从而优化资源配置，促进经济持续健康发展。国家资产负债表的编制包含企业部门、住户部门、政府部门等多个部门，这些部门的资产负债表既是组成国家资产负债表的重要内容，又是独立的资产负债表。而政府资产负债核算则是编制国家资产负债表的重点和难点。政府资产负债表的编制是为了厘清中央政府和各级地方政府的资产负债状况，以便作出合理的决策，避免政府负债率过高引起不良后果，通过政府资产负债表的编制辅助中央或地方政府有关财政政策的制定和实施。因此，要建立完善的政府资产负债核算体系，应将部分自然资源纳入政府资产负债核算中。2017 年 6 月 26 日，中央全面深化改革领导小组第三十六次会议审议通过了《全国和地方资产负债表编制工作方案》，方案中提出要将土地资源纳入国家和地方资产负债核算的范围。

无论是国家资产负债表的编制还是政府资产负债表的编制，都会涉及土地资源的核算问题，土地资源作为自然资源的一种，是国家的重要资产，也是政府资产中非生产性资产的重要部分，是政府资产负债核算的重要内容。我国国土资源部 2017 年颁布的《土地利用现状分类》，将土地分为 12 个一级大类和 73 个二级小类，12 大类分别是耕地、园地、林地、草地、商服用地、工矿仓储用地、住宅用地、公共管理与公共服务用地、特殊用地、交通运输用地、水域及水利设施用地、其他土地。从用途来说土地又分为农用地、建设用地、未利用土地，但并非所有土地都应纳入政府资产负债的核算范围。因此，需要从政府资产负债表编制目的出发，确定真正会对政府资产负债产生影响的土地类型，并探索其价值核算方案，才可以完成各地区政府资产负债表的编制。

（二）编制自然资源资产负债表的需要

《中共中央关于全面深化改革若干重大问题的决定》同样提出要探索编制自然资源资产负债表，对领导干部实行自然资源资产离任审计。2015 年 9 月 17 日，国务院办公厅公布了《编制自然资源资产负债表试点方案》，目前我国已经选取 8 个试点地区进行自然资源资产负债表的编制，自然资源资产负债表的编制被提高到了新的高度。2017 年 10 月，党的十九大报告提出了改革生态环境监管体制，加强对生态文明建设的总体设计和组织领导，设立国有自然资源资产管理和自然生态监管机构，完善生态环境管理制度，统一行使全民所有自然资源资产所有者职责，统一行使国土空间用途管制和生态保护修复职责。自然资源资产负债核算涉及矿产、能源、水资源、森林资源、土地资源等各种资源，土地资源是其中最重要的部分之一。环境经济综合核算体系 2012（System of Environmental Economic Accounting，SEEA2012）区分了土地与土壤资源，针对土地资源价值的核算，将土地分为农业用地、林业用地、水产养殖用地、建筑用地、保持和恢复环境功能用地、未分类的土地、未使用的土地、内陆水域等几大部分。因此，与土地资源核算有关问题的研究对完成自然资源资产负债表的编制至关重要。

自然资源资产负债表和政府资产负债表编制的出发点和目的并不相同，自然资源资产负债表主要是核算国家所有的自然资源资产负债现状，合理调控自然资源的开发利用并为政府有关环境保护的政策制定提供参考，结合地方政府自然资源资产负债状况和经济发展状况等对领导干部进行离任审计。虽然自然资源资产负债表与政府资产负债表编制目的不同，但自然资源的开发、使用、保护等大多数是政府主导实施的，自然资源负债核算与政府资产负债核算必将存在众多可衔接之处，政府部门财政收支与自然资源密切相关。无论是政府资产负债核算还是自然资源资产负债核算，都反映出国家已不再单纯从经济发展这一指标衡量政府政绩，环境的保护、可持续发展的维持、生态文明的建设都将成为衡量地区发展和政府业绩的重要指标。

（三）地方政府财政对土地的依赖

因我国的城镇化建设，土地资源目前成为与政府资产负债关系最为紧密的资源，大量耕地及部分园地林地等被征收后转换为城镇建筑用地或工业用地，因此，核算政府资产中的土地资源将有利于各级政府了解财政收支的具体结构，在一定程度上遏制地方政府对土地财政的过度依赖。

而在土地资源核算中，哪些土地资源应当列入政府资产负债核算的范畴以及这些土地资源的价值核算是目前亟待解决的问题。因此，解决政府资产负债中土地资源的核算问题将有利于更为真实地反映政府的资产负债结构，为政府合理的财政调控和相关土地政策的实施提供现实依据。

二、研究意义

（一）理论意义

资产负债核算的实施表明我国开始从流量核算为主转到以流量核算和存量核算并重的阶段，将进一步完善我国的国民经济核算体系。通过流量核算如GDP核算可以分析我国经济在某一阶段的发展状况，而通过存量核算即资产负债核算则可以分析在某一时点我国的经济状况。目前我国对政府资产负债表的编制仍处于探索阶段，有许多理论问题亟待解决，如政府资产负债范围的界定、资产负债的估价等。而对于资产负债范围界定这一问题的主要争论点在于是否应当将土地、森林、水等自然资源纳入政府资产负债核算范围，加拿大与澳大利亚等国已经将部分自然资源纳入国家资产负债核算中，而对于政府资产负债中的自然资源问题仍需进一步讨论。本书以与政府财政密切相关的土地资源为研究对象，依据国民经济核算体系（System of National Accounts，SNA）、SEEA等国际准则，根据《土地利用现状分类》对土地类型的划分，从法律所有权角度和土地与政府资产负债关系的相关程度确定纳入政府资产负债核算范围的各种土地类型，并考虑政府征地造成土地使用类型转换对土地价值的影响和对政府资产负债的影响，进一步完善政府资产负债表的编制。

国内目前针对政府资产负债中土地资源价值核算问题的研究较少，对于各类土地尤其是无市场交易活动的土地价值如何核算一直是研究的难点所在。本书从国际基本核算准则与我国法律法规出发，根据核算土地的类型及特征、方法的适用性与可行性等方面提出了各类土地的主要核算准则。根据不同的土地类型采用不同的价值估算方法，既包含基准地价修正法、成本逼近法、收益还原法、市场比较法、条件价值法（Contingent Valuation Method，CVM）、特征价格法（Hedonic Price Method，HPM）等传统方法，也根据不同类型土地所在地区周围人口密度、经济发展状况等因素建立计量经济学和统计学模型并进行对比分析，分析各类方法在核算不同类型土地中的适用性及优缺点，为不同类型土地价值的估算提供借鉴，确定不同土地类型价值核算的方法。因此政府资产负债核算中土地资源核算问题的研究对自然资源资产负债表以及政府资产负债表的编制均具有重要的理论意义，将进一步完善我国国家和地方资产负债核算以及自然资源资产负债核算。

（二）现实意义

要探究一个经济体的产出能力，就要搞清楚这个经济体所拥有并且可以运用的资产状况。一个政府的高效运行，除了依赖行政管理效率外，还依赖于这个政府可以利用的资产的状况，以便进行合理的资源配置，促进经济的协调发展，保障社会经济的健康发展。编制政府资产负债表可以摸清政府家底，因此有必要进行存量核算，核算政府的资产负债，以约束部分地方政府对资源的过度开发。

经济体的正常运作不仅取决于经济产出的大和小、经济增长率的高和低，还从根本上取决于其内部资产与负债的匹配状况。同样，一个政府的正常运作也将取决于其资产负债的匹配状况。编制政府资产负债表的另一个目的就是判断政府的资产负债状况，预防政府债务危机的发生。随着我国经济的迅速发展以及城镇化进程的推进，我国地方政府通过土地的征收转让、政府融资等多种渠道获得资金或承担债务，许多地方政府尤其是县级地方政府已经出现或即将出现债务危机，土地财政的有关问题日益严重。而土地作为政府资产的一部分，无论是在政府财务稳定时期还是在政府债务危机爆发时期都对政府资产负债状况有直接影响。根据2016年11月14日国务院办公厅印发的《地方政府性债务风险应急处置预案的通知》可知，政府可处置政府资产以偿还债务，可见国家行政机关用地、国企商服用地等土地资源与政府偿债能力密切相关，政府可以通过处理此类土地来偿还债务，而这些资产的偿债能力并不是一成不变的，而是取决于政府对该类资产的处理方式。

因此，研究政府资产负债中土地资源的核算问题有利于解决政府资产负债表编制中的难点问题，通过对政府资产中土地价值的核算，更有利于各级地方政府厘清自身的资产负债状况，合理调控政府财政收支，保证政府的正常运作和有关经济政策的高效实施。核算政府资产中的土地资源有利于合理调控土地资源的开发与利用，可以及早采取措施预防或应对政府债务危机，避免因政府债务问题引发一系列经济与社会问题。

第二节 国内外研究现状与述评

一、国家资产负债研究

（一）国外研究

20 世纪 60 年代，国民资产负债核算逐渐形成比较成熟的核算方法，戈德史密斯（Goldsimth）等在该领域进行了开创性的研究，系统研究了国家资产负债表的编制技术，提出了分部门资产负债表，并以国家资产负债表为基础开始了关于金融结构和金融发展的研究，编制了美国自 20 世纪初至 1980 年诸多年份的国家资产负债表与分部门资产负债表，并对报表结构和变化趋势进行了详细分析。随后，雷维尔（Revell，1966）试编了英国 1957～1961 年的国民资产负债表，加拿大官方则从 1990 年开始编制国民资产负债表。在编制原理和方法上，由联合国、世界银行等国际组织共同发布的 SNA 是最早给出资产负债表编制国际准则的。目前最新版本是 SNA（2008），在早期版本中，1953 年的《国民经济账户体系和辅助表式》、1968 年的《国民经济核算体系》、1993年的《国民经济核算修订草案》均涉及国家资产负债核算的问题，并在部分分类、核算负债界定等多方面不断细化。相比早期的 SNA，SNA（2008）结合国际经济发展运行的新特点，在很多方面进行了改进，从资产负债表编制的基本原理到资产负债表的结构，从各项资产或负债的估计原则到资产负债表中各项内容的划分，都给出了相对全面的方案。2009 年，联合国统计委员会在第四十次会议上决定将 SNA（2008）作为国民经济核算的国际统计标准，SNA（2008）是本书的重要参考标准之一。在国家官方研究中，目前英国、加拿大、澳大利亚等国家已经公布或定期公布国家资产负债表，但目前大部分非经济合作与发展组织（Organization for Economic Co-operation and Development，OECD）国家，包括中国在内，均未公布官方的国家资产负债表。在国家资产负债表的应用方面，主要用于分析经济金融风险及其变化趋势；也有学者研究了国家或部门资本结构与金融稳定之间的关系、部门之间的金融风险与转移、地区债务与金融稳定性之间的关系等问题（Allen，2002；Mathisen and Pellechio，2006；Lima，2006；Cray，2007；Haim and Levy，2007），对我国未来对国家资产负债表的应用研究有很大的借鉴意义。

（二）国内研究

国内关于国家资产负债表的研究目前属于起步阶段，较有代表性的是曹远征（2012）、马骏（2012）、李扬（2012、2013、2015）、杜金富（2014）等学者的研究。曹远征通过外推预测法编制了国家资产负债表，并分析了政府债务负担及其发展趋势。马骏编制了窄口径的国家资产负债表，对或有负债、社保基金等资产负债表编制中的难点问题进行初步估算研究，关于或有负债问题，其通过人口普查数据以及相关的生命周期表对未来社保的缴纳和领取人口进行估算，最终得到我国的或有负债。李扬团队分别于2013年和2015年出版了《中国国家资产负债表2013》和《中国国家资产负债表2015》，对国家资产负债表编制理论、核算框架、数据估算进行了研究，并对主权资产负债表的编制进行了分析；将国家资产负债分为地方政府资产负债、中央政府资产负债、非金融企业部门资产负债、居民部门资产负债、金融部门资产负债、央行资产负债、对外部门资产负债几大部分，并针对养老保险隐性债务和"市政债"进行了分析，其团队核算的我国2011~2013年的总资产分别为546.5万亿元、604.9万亿元和691.3万亿元。杜金富团队对世界主要国家的资产负债表编制进行了总结分析，如美国、英国、澳大利亚、日本等国家，结合我国的实际情况提供了可供我国借鉴的经验，其团队暂未发布我国资产负债的具体核算结果。同时，国家统计局也在积极编制国家资产负债表，但目前并未对外公布具体进展。总体而言，因为核算范围、统计口径等方面的差异，各学者所编制的国家资产负债表存在较大差异，目前并没有统一的研究成果。

在国家资产负债表的应用方面，国内因为目前没有官方发布的国家资产负债表，因此对国家资产负债表的开发大多在理论研究上，个别学者通过自行估算编制国家资产负债表并对其应用进行了研究，如马骏（2013）通过估算中央政府和地方政府资产负债表的存量数据，揭示了社保、医疗等带来的中长期财政压力。李扬（2015）通过国家资产负债表的编制，就我国整体和各部门的杠杆率、杠杆周期进行了分析，并就杠杆调整思路和金融风险管理等问题提出了可行建议。张晓晶和刘磊（2017）总结了资产负债方法对金融稳定研究的重要意义，其认为在国民财富方法视角下，采用国家资产负债核算方法可以更好地解决三个问题：一是无效投资和金融危机的延迟预警；二是分享损失的过高估计；三是对风险的过度反应。耿建新（2020）和刘磊（2021）等从宏观角度给出了国家资产负债表的理论依据和实践探索。可以预见，随着我国国家资产负债表编制理论与实践的不断推进，我国将会逐步公布官方的国家资产负债表，可以在国家资产结构、债务危机监测预警等方面进行深入研究，届时国内对国家资产负债表应用的研究将会更加丰富。

二、政府资产负债研究

（一）国外研究

国外对政府资产负债表研究的关注起源于 20 世纪 90 年代拉丁美洲和亚洲地区相继爆发的大规模金融危机，学界的研究重点集中在政府债务的界定分类以及资产的估算上，如哈维·罗森（Harvey S. Rosen, 1998）提出了政府隐性债务的概念，汉娜·博拉奇科娃（Hana Polackova, 2002）将政府债务进一步分为显性债务和隐性债务、直接债务和或有债务两大类，托马斯·莱姆斯（Thomas K. Rymes, 2004）等分别就国民财富的估计方法提出了相应的方案。舒尔德斯·克雷格（Shoulders Craig, 2013）讨论了执行政府会计准则委员会（Governmental Accounting Standards Board, GASB）报表 63 和报表 65 的效果，还分析了对一般基金和政府资产负债表和财务报表的影响。在应用方面，威尔逊·欧阳（Wilson Au-Yeung, 2007, 2011）通过对公共部门养老金管理等方面的分析，讨论了澳大利亚政府资产负债表的管理问题，认为最优资产负债表管理需要了解风险如何影响资产负债表（以及税率的波动性）；政府的金融投资策略应该会降低政府财政的风险。肯·沃伦（Ken Warren, 2012）分析了基于权责发生制编制资产负债表后，各地区使用资产负债表进行决策和问责过程中出现的问题，但极大地肯定了政府资产负债表的意义。

在国际组织官方研究方面，SNA（2008）针对一般政府和公共部门的定义及范围、政府的财政收入、记账原则、政府承担养老金负债等问题都进行了详细说明，并针对非营利机构（Non-Profit Institutions, NPI）以及政府控制的非营利机构、为住户服务的非营利机构（Non-Profit Institutions Serving House-holds, NPISH）等进行了说明，这是各国编制政府资产负债表时确定核算主体的重要依据。政府财政统计体系（System of Government Finance Statistics,

GFS，2014）从政府职能的方向来定义政府，不仅包括主要从事非市场活动的广义政府部门，还包括公共公司，政府职能是通过机构单位具体活动来执行的；GFS 实际上是从机构单位的活动性质界定政府范围的，其认为狭义政府即为政府行政机构，广义政府包括狭义政府和政府单位控制下的非市场非营利机构；公共部门包括广义政府、非金融公共公司和金融公共公司。IPSAS（International Public Sector Accounting Standards）并未给出具体公共部门或政府部门的定义，其定义的公共部门是相较于私人部门而言的，代表着公共利益，其划分标准是财务控制，包含中央政府、地方政府以及被政府控制的经济实体。国际货币基金组织（International Monetary Fund，IMF，2013）等也对政府资产负债表的编制提出了基本思路，并比较了 OECD 国家政府资产负债情况，对各国非金融资产及其变化趋势进行了对比，并对加拿大、日本、美国等国家的具体情况进行了单独研究分析，发现各国非金融资产平均占 GDP 的比重为 67%，且各国公共管理效率在逐步提高，但收入和储蓄在逐步减少，在国家资产负债数据质量上，大部分国家数据还不够完整，需要进一步完善提高。

就各国政府而言，英国是对资产负债研究较早的国家之一，其政府资产负债状况由两个部门发布，一个是英国财政部编制和发布的政府整体财务报告，另一个是英国国家统计局（Office for National Statistics，ONS）编制和发布的国家资产负债表中的政府资产负债表。其财政部 2000 年发布的《政府资源和账户法案》（Government Resources and Accounts Act，GRAA）正式以法案形式确定编制政府财务报告，2004 年完成中央政府财务报告，2011 年首次公布政府整体财务报告。统计部门则于 1975 年起发布国家资产负债表，2008 年欧盟统计局推出新版欧洲核算体系（European System of Accounts，ESA）。美国也是两个部门参与编制政府资产负债表，一个是财政部的联邦财务报告及地方财务报告，另一个是美国经济分析局与美联储共同编制的政府部门资产负债表。美国政府资产的负债核算起始于 20 世纪 30 年代初的经济大萧条时期，1984 年成立的政府会计准则委员会（Governmental Accounting Standards Board，GASB）在成立之后的 20 多年出台了近 50 项政策推动权责发生制的实施。美国联邦政府则于 1991 年成立联邦政府会计咨询委员会（Federal Accounting Standards Advisory Board，FASAB）来编制和发布联邦政府财务报告。加拿大 1976 年开始尝试编制部分部门的资产负债表，但是仅包含金融资产和负债，1985 年首次核算了非金融资产，1997 年加拿大统计局发布了国家资产负债账户（Canada's National Balance Sheet Account，NBSA97），2012 年根据 SNA（2008）对资产负债核算进行了调整。澳大利亚统计局 1981 年根据 SNA（1968）颁布了《澳大利亚国民账户体系 1981》，1994 年根据 GFS（1986）编制发布了《澳大利亚政府财政统计体系》，同年，正式发布首个《澳大利亚政府财政统计报告 1992～1993》，包含非金融资产、金融资产与负债。澳大利亚各州政府的财政部门编制了自己的政府资产负债表，其中对政府的核算范围包含广义政府部门、非金融公共公司和金融公共公司。

可见，英国、美国、加拿大、澳大利亚等国均是统计部门与财政部门同时进行政府资产负债核算，不同部门的核算范围和分类存在较大差别。总体而言，国外有关政府资产负债的核算大多由两个部门分别进行，一个是政府财政部门，另一个是政府统计部门，二者编制政府资产负债表的目的与数据来源均存在一定差别，编制结果也存在一定差别，如何依据编制目的设计合理的政府资产负债核算范围和估价方法将是未来研究的重点。

（二）国内研究

国内关于政府资产负债表的研究主要源于党的十八届三中全会对建立统一核算制度的要求，目前成果较少。汤林闽（2014）就中国政府资产负债表的理论框架与现实选择进行了研究，构建了我国地方政府资产负债表框架，并基于该框架估算地方政府资产负债规模，重点集中于地方政府资产。李金华（2015）对政府资产负债表编制中涉及的核算问题进行了分析，并设计了政府资产负债表的基本样式。杜金富（2015）对政府资产负债表编制的基本原理和框架进行了分析，对或有负债等专题进行了研究；李扬（2013，2015）、马俊（2012）等在研究国家资产负债核算中也对政府资产负债核算进行了研究，除李扬 2015 年在地方政府资产负债中加入了土地资产外，大多数政府资产负债研究中都不包含对有关自然资源的核算。国家自然科学基金重点项目《政府资产负债测度核算的理论方法与政策研究》课题组于 2015 年出版了《政府资产负债表：基本原理及中国应用》《政府资产负债表：国际标准与实践》两本专著，针对政府资产负债表的基本问题和国外经验进行了研究。杜金富团队通过整理分析中国人民银行有关金融资产的资料，核算了我国政府的金融资产和负债，对于非金融资产也进行了估计，在《中国金融》（2016）发布了 2010～2014 年我国政府的资产负债状况，在《中国金融》（2019）公布了 2008～2016 年的中国政府资产负债表数据，包含金融资产、非金融资产和金融负债，但并未给出各项具体资产如土地资源的价值核算方法。向书坚、罗胜（2017）、王毅（2019）、林少群（2020）等对政府资产中的核算范围问题、核算主体问题进行了系统阐述，有的将政府分为狭义政府、广义政府和公共部门三类进行分析，认为核算内容应包含部分与政府资产负债密切相关的自然资源。总体而言，目前国内还没有针对政府资产负债核算主体、核算客体、核算方法、估价方法等方面的系统研究。

在对政府资产负债表的应用方面，因为并没有国家官方公布的资产负债数据，目前国内主要以理论研究为主，马俊（2005）、冉光和（2006）、范柏乃（2008）、李永刚（2011）、马金华（2011）、莫兰琼（2012）等就针对我国政府债务生成机理、地方政府或有负债、地方政府债务预警、地方政府债务应对策略等诸多问题进行了理论研究。李扬（2015）通过编制地方政府资产负债表，对我国地方债务风险进行了分析与评估，认为我国地方政府目前存在债务增速较高、筹资结构趋向复杂化、债务集中到期偿付的流动性危机较大、现有偿债基础不具有可持续性、或有债务风险敞口较大等问题。张子荣（2015）结合我国地方政府债务的内涵，编制我国地方政府的资产负债表，并通过净资产、资产负债率、债务负担率、KMV 等的分析，认为我国地方政府债务的风险很小，总体可控。李一花（2017）通过估值法编制了 2011～2013 年山东省部分地市的政府资产负债表，通过分析发现各政府资产负债率均在合理范围，但存在未来发生债务危机的风险。2017 年 8 月，中国社会科学院财政税收研究中心"中国政府资产负债表"项目组发布《中国政府资产负债表 2017》报告，2015 年中国政府总资产约 125 万亿元，政府资产中包含土地等资源，但对于土地价值的核算仍存在重大争议，王柏杰（2018）对中国七个资源型省份的地方债务规模进行了估算。整体而言，我国并未官方公布中央政府或地方政府的资产负债表，因此各学者对政府资产负债表的估算所进行的应用研究并不具有普遍性，但其通过政府资产负债表对政府债务危机等一系列问题的研究方法在未来官方发布政府资产负债表后将具有很大的借鉴意义。

三、自然资源资产负债研究

（一）国外研究

国外对自然资产负债的研究相对较早，在国际组织的研究方面，联合国、欧盟、国际货币基金组织、经济合作与发展组织等组织联合致力于环境与经济综合核算体系（System of Environmental Economic Accounting，SEEA）的研究，先后发布了 SEEA（1993）、SEEA（2003）、SEEA（2012）。SEEA 中心框架主要包括三个方面：经济体内部及经济与环境之间的物质和能源实物流量、环境资产存量及存量变化、与环境有关的经济活动和交易。并对水资源、土地资源、森林资源等自然资源以及环境污染等问题进行了研究，对实物资源计量单位以及资源货币价值核算准则提出了可行建议，给出了实物资产账户和货币资产账户核算以及流量核算方案，并进行了说明。SEEA（2012）是本书研究自然资源核算方面遵循的重要准则之一。

在各国官方机构的研究方面，澳大利亚、加拿大、芬兰、荷兰、德国、美国等国已经公布相对成熟的自然资源资产账户，澳大利亚统计局公布了水资源、土地资源、能源资源等自然资源资产账户。其中，韩国公布了森林资源账户，核算了林产品 GDP，其中 2012 年林产品 GDP 为 1.7 万亿韩元，同时还核算了森林道路以及森林旅游数据，并对街道树木和城市森林进行了核算，对国际林业贸易与合作情况也进行了公布。芬兰公布了森林资源账户，并核算了森林环境的边际成本。德国环境经济核算（Environmental Economic Accounting，EEA）遵循 SEEA 的框架，包含物量核算与环境支出与税收，目的是为政策的制定服务，并进行可持续发展分析。荷兰以 SNA 与 SEEA 为准则，对土地所有权与使用权进行讨论，考虑土壤枯竭和退化问题，编制了国有土地资产负债表，并对其中涉及的土地测量等问题进行分析，是目前土地资源核算进展较快的国家。荷兰的自然资源资产负债表强调土地在国民财富方面的重要性，土地资源包含农业用地、住房底层土地、非住宅楼底层用地。同时国际组织通过财富核算和生态系统合作服务（Wealth Accounting and the Valuation of Ecosystem Services，WAVES）支持发展中国家建立自然资源账户，该组织于 2010 年成立，通过鼓励自然资源核算推进可持续发展。

在学术研究领域，学者们先后提出了环境成本核算方案，使用能值作为衡量环境资产价值的标准，在此基础上提出生态服务定价模型，并对全球自然资源价值进行了估算，建立了可对能源资源价值进行估算的资源定价政治经济学模型（Beams，1971；Marlin，1973；Odum，1996；Costanza，1997；Esfahani，2002）。亨利·佩斯金和玛丽安·德洛斯·安杰利斯（Henry M. Peskin, Marian S. Delos Angeles，2003）对比了 SEEA 和环境与自然资源核算项目（Environmental and Natural Resources Accounting Project，ENRAP）在环境服务核算方面的异同，莱恩·安德森（Ryan Anderson，2006）等组成的世界银行－意大利信托基金项目小组（The World Bank-Italian Trust Fund Project）分析了各国在环境经济核算中的经验，对环境经济价值量核算的方法进行了总结，皮特·巴特姆斯（Peter Bartelmus，2013）分析了 SEEA（2012）的改进之处和相关问题，为自然资源资产负债和环境经济核算的分析进一步提供了理论经验。同时，来自 IMF 的埃莉·波瓦和罗伯特·迪佩尔斯曼（Elva Bova and Robert Dip-pelsman，2013）在对部分国家政府资产负债问题分析的工作论文中也谈到了对土地、矿产等自然资源的对比分析。各国学者也开始尝试对本国的自然资源资产进行价值核算，如布拉姆·伊登斯（Bram Edens，2014）在 SEEA 和 SNA 的基础上对荷兰水资源的价值量进行核算，认为重置成本法是核算水资源价值的较好办法；罗伊·雷姆（Roy P. Remme，2015）以荷兰林堡省（Limburg）为例对其生态价值进行了核算，其核算结果低于基于福利的社会价值评估方法。总体而言，部分国家的学者基于本国已经公布的完全或部分自然资源资产负债表，已经开始了对自然资源、环境等方面的应用研究。

（二）国内研究

在自然资源核算理论方面，李金昌（1987）翻译了《关于自然资源与折旧问题》《挪威的自然资源核算与分析》及《自然资源核算与分析》等著作，其后，李金昌（1991）与胡昌暖（1993）分别出版了《资源核算论》和《资源价格研究》，对资源核算的相关问题进行了系统分析，标志着我国对自然资源核算系统研究的开端。吴优、曹克瑜（1998）是我国较早以 SEEA（1993）为基础，提出我国自然资源与环境核算思路的研究者，其总结资源环境实物量和价值量的核算方法，并提出了我国自然资源和环境核算的初步设想，对自然资源和环境核算的内容、单位、资源分类、资产负债表编制等问题进行了阐述，为我国自然资源核算与国际标准的对接奠定了基础。王泽霞、江乾坤（2014）以 SEEA（2012）为基础，分析了国际通用的自然资源的分类方案、自然资源资产的计量方式和信息披露方式，总结了美国、英国、加拿大等国家自然资源资产负债表的编制进展和经验，并提出了突出地区自然资源特色和由点到面逐步推进自然资源资产负债表的建议。向书坚（2015，2016）和高敏雪（2016）分别就自然资源资产负债核算中的资产范畴与负债定义两个难题进行了研究，向书坚从编制目的、核算理论、经济所有权与法律所有权等方面出发，确定了自然资源核算的资产范畴，同时从资源配置的角度出发，基于供需关系，提出了自然资源资产负债的临界点，超过某一范围的自然资源开发则视为过度开发利用，即为自然资源负债。高敏雪则将自然资源实体与自然资源使用权益分开，设计了包含三层架构的核算体系，确定了自然资源负债的定义这一难题。

在针对资产负债编制的整体布局研究方面，胡文龙（2014，2015）从自然资源资产负债表的性质、编制目的、编制主体、编制频率以及与环境经济核算体系的关系等多方面进行了分析研究，认为自然资源资产负债表编制的最佳频率为 3 年或 5 年，自然资源资产表偏重会计等式，系统性强、核算范围窄，而环境经济核算则偏重基于指标的数据统计，核算范围较广，二者各有优劣；并基于 SEEA（2012）、SNA（2008）和国家资产负债表提出了中国自然资源资产负债表的理论框架。耿新建（2014）分析了外国自然资源资产负债表的编制情况，并详细介绍了澳大利亚水资源资产负债表，对表内格式和有关指标间的等式进行了分析，随后以水资源和土地资源为例对我国自然资源资产管理状况进行了分析，对我国自然资源资产负债表的格局、计量要素、排列方式、披露形式等问题提出了初步设想。耿建新（2015）基于 SNA（2008）和 SEEA（2012），对国家资产负债表和自然资源资产负债表的平衡关系、要素、资产和净资产进行了对比分析，认为两种报表的编制依赖于会计理论，报表数据来源依赖于会计资料，同时两种报表的编制也为会计学科提供新的研究思路，为完善领导干部离任审计提供了重要工具。刘西友（2015）、操建华（2015）、肖序（2015）也都从不同角度对我国自然资源资产负债表的编制框架进行了研究。杜方（2015）在分析自然资源资产负债表与会计和审计关系的基础上，对我国自然资源资产负债表的编制和运用提出了详细设想，李清彬（2015）、郭韦杉（2021）、焦志倩（2018）、方恺（2019）和王湛（2021）等也从会计学、资源学、统计学等角度提出了自然资源核算的思路以及自然资源资产负债表的编制框架。

在自然资源资产负债表结构等问题研究方面，封志明等（2015）在总结国家资产负债表研究进展的基础上，提出自然资源资产负债表编制的有关方案，认为自然资源资产负债表中主栏显示"自然资源资产""自然资源负债"以及"自然资源资产负债差额"三项；拥有自然资源资产所有权主体才可纳入表中；负债应包括资源耗减、环境损害与生态破坏三方面内容；有交易市场的自然资源应采用市场价格法计算，其他则采用间接估值法计算。杨睿宁、杨世忠（2015）则针对自然资源资产负债表的平衡关系进行了探究，分别对"期初数＋本期增加数＝本期减少数＋期末数"和"自然资源资产＝自然资源负债＋自然资源净资产"这两种平衡关系进行了论述，认为基于 SEEA（2012）的"四柱平衡"关系并不能满足自然资源资产负债表编制的需要，并基于"同体二分"平衡关系提出了对自然资源资产负债表的编制设想。

在针对我国自然资源核算存在的问题及政策建议研究上，蒋洪强等（2014）对我国的生态环境资产负债表的编制进行了研究，认为自然资源资产负债表不一定追求严格的会计报表平衡关系，但需要有明确的环境政策导向，将数量、质量、价值核算并重，将存量核算与流量核算并重。马永欢等

（2014）认为并非所有自然资源都可以资产化，具有稀缺性、有用性、产权明确的自然资源才可以资产化，提出了强化典型国家自然资源资产管理研究、加快编制我国自然资源资产负债表、加紧落实健全国家自然资源资产管理体制、以分类管理为基础，加强综合管理四点意见。

在其他跟自然资源资产负债相关问题的研究上，高敏雪（2000）对环境统计和环境经济核算相关理论进行了系统研究；周守华（2012）等对我国环境会计进行了系统的讨论；向书坚（2005，2013）根据对 SEEA（2003）与 NAMEA（包含环境账户的国民经济核算矩阵）进行的对比分析，阐述了 EDP 的计算方法，并构建了中国绿色经济发展指数的核算体系；高鑫、解建仓（2012）、苏德宇、柴恒忠（2015）等分别就水资源、森林资源等核算方法做了初步分析；马国霞（2014）、卫永红（2015）、卢艳（2011）、赵成章（2011）、吴琼（2018）、薛智超（2018）等分析了资源过耗、环境治理成本、生态恢复成本可能的估算方法，针对与自然资源密切相关的环境资源核算进行了研究，都为我国自然资源资产负债表的编制提供了另一个方面的参考依据。

四、土地资源资产负债研究

（一）国外研究

国外对土地资源价值的研究涉及土地资源的划分、土地价值的影响因素、土地资源管理等多方面。在国际组织的研究方面，SNA（2008）将土地资源位于自然资源下，SNA（2008）明确指出坐落在土地上或途经该土地的房屋或其他构筑物、培育农作物及树木、动物、矿产、地下水等资源不包含在土地价值中，土地改良与土地有关的所有权转移费用被视为固定资产，需要单独列示。SEEA（2012）中认为土地是一种独特的环境资产，是经济活动和环境演变的场所，是环境资产和经济资产的所在地。SEEA 将内陆水域也算作土地范围，除内陆水域外，其将土地按用途分为农业用地、林业用地、水产养殖用地、建筑用地和相关区域、维护和恢复环境功能用地、其他用途用地、未使用土地 7 类，除此之外，SEEA 还对土地覆被进行了定义分类，分为自然植被和非生物覆被，并设计了土地覆被的资产账户和变化矩阵。同时，SEEA 也考虑了土地重估价等问题，设计了土地货币资产账户，并对公共土地、道路、土地改良等价值核算方法提出了基本建议。澳大利亚政府会计准则提出将公路用地纳入政府财务报告，澳大利亚会计准则委员会（Australian Accounting Standard Board,

AASB）针对道路下的土地核算作出详细说明，明确要求将道路用地进行价值核算纳入政府资产，但并非所有澳大利亚的城市都进行了道路用地核算。新西兰对部分机场用地进行了价值核算，其中对克莱斯特彻奇市（Christ Church）机场用地根据建设成本、机场收益等多方面进行了详细的核算。

在国外学者研究方面，大卫·皮尔斯（David Pearce，1987）针对土地资源和水资源对发展中国家的自然资源价值进行了研究，并强调了土地资源等自然资源管理的重要性。艾琳·欧塞尔和吉尔·卡韦林哈瑞（Erin O. Sills and Jill L. Caviglia-Harris，2009）分析了马来西亚土地价值的影响因素，发现投资建农场或建住房对土地价值的提高效果较为显著。安塞尔·奥兹迪莱克（ÜNSAL ÖZDILEK，2011）针对城市土地价值核算存在的七个主要问题进行了阐述分析，如土地类型判断、土地评估方案、土地位置划分、土地估价方法等问题，是最早针对城市土地问题的系统分析。多伦·拉维（Doron Lavee，2015）针对土地用于交通运输项目的价值进行了研究，考虑人口密度、宗教、经济发达程度、土地位置等因素，构建了基于土地价格弹性和未来土地用途的经济模型，并根据以色列有关数据论证了该模型在分析运输项目土地价值时的可行性。尼尔·萨顿（N. J. Sutton，2016）对土地的农用价值的估算方法进行了阐述，通过对阿帕拉契山脉中部和南部地区进行案例研究发现，一个地区的平均农业土地价值不能准确预测该地区土地保护区的收购成本。

在交通用地核算的研究上，澳大利亚学者巴顿·艾伦（Barton. A，1999）认为不应将道路用地纳入地方资产中，从法律上来说，公路及公路用地的所有权并不归任何一方所有，所有人都有权利通过公路，各类公路委员会被建立来负责道路的修建与养护，但各类委员会并不具有该道路的财产权与所有权，因为道路用地是公共资源，并不归个人所有，任何个人或企业都无法通过公路用地获得收益，因此其不符合资产的基本要求。哈桑·埃威亚（Hassan M. A. Elhaway，2015）针对澳大利亚发布 AAS27 后的 20 年，各州地方政府是否将公路用地纳入政府财务会计体系进行了抽样调查，从新南威尔士（New South Wales）、北领地（Northern Territory）、昆士兰（Queensland）、南澳大利亚（South Australia）、塔斯马尼亚（Tasmania）、维多利亚（Victoria）、西澳大利亚（Western Australia）7 个州共 559 个地方政府中抽取 217 个地方政府调查发现，北领地、昆士兰、南澳大利亚、西澳大利亚 4 个州没有任何一个地方政府将公路用地纳入政府财务报告中，其主要原因是这 4 个州的公路委员会认为没有办法准确核算公路用地价值，并且因澳大利亚大部分高速公路均为免费公路，公路用地不具有未来预期收益，纳入政府财务报告中并没有实际意义。罗伯特·凯威尔和张德康（Robert Cervero and Chang Deok Kang, 2009）分析了快速公共交通对韩国土地价值的影响，克里斯托弗·希金斯（Christopher D. Higgins, 2016）针对北美近40年快速交通对土地价值的影响效应进行了分析。

（二）国内研究

国内对土地资源核算的研究主要集中于土地价值估算研究上，而对土地价值的研究多集中于耕地价值的研究上，也有一些学者对公共服务用地、居民住宅用地或商业用地等类型土地价值的估算进行了分析。黄贤金（1999）分析了耕地资源价值的各种核算方法，并采用净产值还原法和实物倍数法对江苏省耕地资源进行了估算，发现二者估计结果相差较大。曹志宏（2009）、诸培新（2011）分别以黄淮地区和南京为例，从经济价值、生态价值、社会价值三方面对耕地价值进行了估算。张效军（2008）认为我国的耕地价值应该包括商品经济价值、生态环境价值、折补价值、社会价值四部分，其中社会价值包含农民就业保障价值、国家粮食战略安全价值、耕地发展价值。经过估算，得到我国耕地的价值为112.68万元/公顷。胡蓉等（2013）根据我国《中国国土资源公报》的耕地实物量数据，采用收益还原法估算了我国耕地的经济价值，从社会保障价值、社会稳定价值、耕地资源发展权价值三方面估算了我国耕地资源的社会价值，借用谢高地的研究成果估算了我国耕地资源的生态价值，汇总得到我国耕地资源2008年存量为498.8万亿元。薛智超（2015）分析了土地资源核算的目标、内容、原则，并以湖州市为例展示了土地资源核算的存量表、流量表、综合表，提出了土地资源价值核算的直接市场法、替代性市场法、假象市场法三类方法，并提出了从土地质量变化角度分析土地资源社会价值和生态价值的思路。

《城镇土地分等定级规程》对我国城镇土地分等定级的技术途径和程序、影响因素选择的方法和原则、影响因素分值的计算、等和级的划分与评定等诸多问题进行了规范。城镇土地分等定级有利于全面掌握我国城镇土地质量及利用状况，科学管理和合理利用城镇土地，促进城镇土地节约集约利用，为土地估价、土地税费征收、城市及土地利用规划提供科学依据。土地分等定级是城镇基准地价制定的前提与基础，是土地价值估算的重要步骤。

《城镇土地估价规程》对我国城镇土地估价价格的影响因素、常用的估价方法、评估程序、不同用途土地的估价等问题进行了规定。常用的估价主要包括市场比较法、收益还原法、剩余法、成本逼近法、公示地价系数修正法等。其中对公共管理与公共服务类用地进行评估时，建议地价影响因素参照商服用地的地价影响因素，包含自然、社会、经济、行政、区域、地势、环境、通达等诸多因素，估价方法建议选择市场比较法，缺少比较案例时可选用成本逼近法与公式地价系数修正法，不建议使用收益还原法和剩余法。

在城镇土地估价方面，国内有些学者进行了系统研究，如闫弘文与刘玲玲（2015）基于国家政策、标准化委员会的相关规程阐述了市场比较法和基准地价修正法等土地估价方法，并以青岛市某些土地为例进行了价值估算；卢新海、黄善林（2014）详细介绍了土地估价原理与常用方法，并对与土地估价密切相关的建筑物估价、农用地估价、森林资源资产与矿业权评估等问题进行了分析。国内对公共管理与公共服务用地价值的核算的研究相对较少，王欣（2009，2010）、梁航（2013）对公共管理与公共服务用地的价值估算方法进行了总结，包括收益还原法、市场比较法、基准地价修正法、成本逼近法，但从最新的土地估价规程可知，用收益还原法估计公共服务用地价格并不合理，因为公共服务机构大多为非营利机构。何伟（2016）对土地估价中涉及的土地还原率、容积率修正、地价楼层分配系数、特殊对象的土地估价以及城镇与集体土地基准地价等问题进行了一一阐述，并以四川省遂宁市为例，展开了有关公共管理与公共服务用地土地定级以及基准地价评估的研究。

国内目前对城镇土地价值的研究主要集中在公共服务、旅游资源、房地产等综合价值的估计方法方面，主要有特征价格法、条件价值法等方法，这些方法同样适用于其他类型土地价值的估计，如公共服务用地中的公园用地、交通设施用地等。CVM 法是基于现代经济学的消费者剩余理论和福利经济学原理，通过对假设市场的消费者偏好的调查来探知研究对象价值的重要评价方法，是目前应用较为广泛的公共物品价值评估方法。主要有三个步骤：一是构建假设场景；二是询问被调查者的自愿选择；三是通过被调查者的社会属性和个人选择进行关联分析来判断价值评估的有效性。钱欣、王德（2010）采用 CVM 评估法对上海市松鹤公园的改造价值收益进行了分析，并结合预期使用年限对其现值进行了估算；肖建红等（2013）在总结传统 CVM 法在旅游相关资源价值评估中的弊端后，提出了基于旅游资源关注度系数的 CVM 法，对舟山普陀金三角景区的非使用价值进行了评估；彭文静等（2014）以太白山国家森林公园为例，基于 CVM 法对游憩资源价值进行了估算，结合两种方法推算太白山国家森林公园的价值以及使用价值和存在价值。HPM 法则主要用于房地产价值的评估中，是基于商品价格取决于商品各方面属性给予消费者的满足这一效用论的观点而建立起来的价格模型，通过区位属性、结构属性、邻里属性综合分析商品价值。吴璟（2007）、翟春（2012）详细介绍了 HPM 法的原理及应用。陈明（2005）、李妍（2011）、石薇（2014）、文苑棠（2015）等基于特征价格法探讨了城市住房价格指数的编制方法及其拓展研究，各学者研究基本包含位置、与 CBD 的距离、配套设施、建筑年限、附近是否有学校、医院、购物中心等各方面属性，这些因素同样对土地价值具有直接影响，可借鉴此方法在房产价值中的应用来估算部分土地价值，如国企的商服用地等。

在具体土地核算案例实践研究方面，刘红梅等（2020）以上海市为例，基于不同的编制体系对上海市的土地资源资产进行了核算，并编制了上海市土地资源资产负债表；刘晓娟和张裕风（2021）以包头市固阳县为例，考虑土地资源的质量，从经济价值、生态价值和社会价值三个方面以及土地资源破坏带来的质量负债入手，编制了包含负债项目的固阳县土地资源资产负债表；张茹倩等（2022）将生态足迹与自然资源资产负债表有机结合，构建了生态足迹视角下的土地资源资产核算体系，并以陕西省为例，对各地市土地资源的资产与负债情况进行了具体测算。

五、文献述评

综上所述，国外对政府资产负债的研究无论是在理论上还是实践上都强于国内，SNA（2008）、GFS（2014）、SEEA（2012）等国际准则将成为各国官方及学者编制国家资产负债表、自然资源资产负债表、政府资产负债表遵循的主要准则。国家资产负债表的编制是从国家整体的资产与负债出发，涉及一个国家的资产与负债，也包含所有可利用的自然资源，但主要考虑这些自然资源的现实经济价值。自然资源资产负债表的编制则是考察所有的自然资源，包含土地资源、能源、水资源、森林资源等，目前主要以物量核算为主，可扩充至资源环境核算，涉及空气海洋等所有权难以明晰的资源，可以以一国为单位进行编制，也可以以某一地区为单位进行编制。政府资产负债核算则是国家资产负债核算的重要部分，国家资产负债核算包含政府部门、住户部门、企业部门等多个部门。土地作为自然资源的一种，既是国家资产负债核算的重要内容，也是自然资源资产负债核算和政府资产负债核算的主要内容，但并非所有土地类型都包含在政府资产负债核算范围内。

国内目前并没有团队基于 SNA（2008）的核算原则对政府资产负债核算的主客体、资产与负债的核算范围、资产与负债的估价方法等问题进行系统分析，对于自然资源资产负债核算的研究也多数集中于官方的试点研究，未涉及自然资源价值核算，暂未发布官方的研究报告及资产负债表。对于资产的识别是本书研究的难点之一，鉴于很多资产被长期持有且并不出现在交易市场上，有些在宏观上定义的资产可能并没有明确其微观持有者，甚至在微观层面并不认定其为资产，实现上述资产识别并不容易。对于政府资产负债的核算范围是否应该包含自然资源目前还没有从法律角度的分析研究。各学者的研究中，除李扬 2015 年发布的国家资产负债表中地方政府资产负债表包含土地资源外，其他学者的研究均未包含自然资源。土地资源、矿产资源、水资源等自然资源与政府资产负债密切相关，而我国土地财政问题的逐渐扩大使得土地成为与政府资产负债关系最为密切的自然资源。因此，研究政府资产负债核算，将土地资源纳入政府资产中，无论是从理论上还是从各地区编制政府资产负债表的实践操作上都是十分必要的。

目前国内外并没有针对政府资产负债表中土地资源核算问题的具体研究。党的十八届三中全会明确指出要坚持农村土地的集体所有权，依法维护农民土地承包经营权，发展壮大集体经济。党的十九大报告再次指出要深化农村集体产权制度改革，保障农民财产权益，壮大集体经济，确保国家粮食安全，把饭碗牢牢端在自己手中。因此，应首先从法律角度判断不同土地类型的所有权归属，然后再根据其与政府资产负债的关系进一步分析。目前国内对土地价值的研究也往往集中于耕地价值的研究，对交通用地和风景名胜用地等价值核算的研究则较少，而这些土地恰恰是跟政府资产负债密切相关的土地类型，如何确定这些类型土地的价值是编制政府资产负债表的难点，也只有完成对政府资产负债中土地资源等自然资源资产负债的合理估算才能编制真正反映政府资产负债状况的政府资产负债表，才有利于政府合理地调控与配置资源。

在土地价值核算方法方面，国家标准化管理委员会发布了《城镇土地分等定级规程》和《城镇土地估价规程》等多个估价标准，这是各类型土地估价的基本参考标准，但在具体实践操作中还需进一步分析各土地类型适用的方法。国内外学者都针对土地的估价问题进行了研究，但多集中在对耕地价值的分析上，对于城镇土地，尤其是目前没有市场价值的土地类型估价问题的研究相对较少，仍需根据具体情况对比分析不同类型土地在不同情形下的各种估价方法的适用性，才能保证完成政府资产负债中土地资源的价值核算。

本书将从法律所有权和使用权角度以及不同土地资源类型与政府偿债能力的关系出发，确定应当纳入政府资产负债核算范围的土地类型，并提出不同土地类型价值量核算的基本思路。针对非市场交易渠道获得的土地价值核算方法进行探讨，根据不同的土地类型采用基准地价修正法、成本逼近法、收益还原法、市场比较法、条件价值法、特征价格法等方法对土地价值进行估算，对于部分难以通过上述方法进行价值核算的土地类型，本书将通过分析影响该类型土地价值的各种因素，通过建立相应的统计模型估计各类因素对土地价值的影响，进而对各类土地资源价值进行核算。对于可以采用多种核算方法的土地可使用不同方法估计其价值并进行对比分析，通过加权平均确定合理的土地价值，对于可能发生土地类型转换的土地估算其价值修正区间，设计包含土地资源的政府资产账户表式，完善我国政府资产负债核算的研究，为各地方统计部门编制政府资产负债表中土地资源的核算提供借鉴。

第三节　研究内容、方法与创新点

一、研究内容

本书基于《中共中央关于全面深化改革若干重大问题的决定》中提出的"加快建立国家统一的经济核算制度，编制全国和地方资产负债表"以及"探索编制自然资源资产负债表，对领导干部实行自然资源资产离任审计"这一背景，从国民经济核算理论与政府财政统计理论出发，参考国土资源部 2017 年颁布的《土地利用现状分类》，考虑法律所有权归属以及与政府资产负债的相关程度两大因素，最终确定政府资产负债核算范围内的土地资源类型。将政府资产中的土地资源分为市场交易渠道获得的土地和非市场交易渠道获得的土地，针对非市场交易渠道获得的土地的价值核算问题进行了详细研究。通过基准地价修正法、成本逼近法、收益还原法、市场比较法、条件价值法、特征价格法等传统估价方法，结合人口密度等影响因素的统计模型方法对不同类型的土地进行价值估算，并以某市部分公共管理与公共服务用地、交通用地为案例做具体核算方法适用性的对比分析。设计包含土地资源的政府资产负债表以及土地资源的价值核算表表式，总结政府资产负债中土地资源核算的经验并提出未来的研究展望。本书具体研究内容如下。

（一）政府资产中土地资源核算理论

该部分是本书的基础部分，主要包含四个部分。一是依据国民经济核算体系（SNA）、政府财政统计（GFS）、国际公共部门会计准则（IPSAS）分析政府资产负债核算的基本理论，从不同角度出发阐述政府资产负债的核算主体与核算范围，奠定本书的理论基础。二是依据 SNA（2008）与 SEEA（2013）以及国土资源部相关信息确定土地资源核算的基本主体范围等问题。三是参照国内外有关研究，根据土地资源学和土地经济学相关理论，对土地资源价值核算的基本理论进行分析，包含土地经济价值、生态价值、社会价值三个方面，确定本书后续研究的理论基础。四是分析土地资源与国家资产负债核算、土地资源与政府资产负债核算、土地资源与自然资源资产负债核算的关系，确定本书的资产负债框架体系。

（二）政府资产中土地资源核算范围

该部分是本书的重点内容之一，主要包含五个部分。一是根据国土资源部有关法规，确定土地资源分类标准；二是依据《物权法》《国土资源法典》等法律法规从所有权、使用权、发展权等方面确定纳入政府资产负债核算范围内的土地类型；三是在前一部分的基础上，根据不同类型土地与政府资产负债相关的密切程度确定纳入政府资产负债核算范围的土地，包括不同土地类型与政府资产的相关程度、不同土地类型与政府负债的相关程度两个方面；四是针对因政府征收而产生的土地使用类型转换而导致的土地价值如何核算这一问题进行分析；五是设计政府资产负债核算中土地资源核算的有关表式。

（三）政府资产中土地资源价值核算方法

该部分针对政府中土地资源价值核算相关的国家标准进行梳理，确保土地资源价值核算方法及步骤符合国家的基本标准规范。对土地资源核算的通用方法进行阐述，包含传统方法和基于信息技术及大数据技术发展而产生的新方法；根据土地的获取途径将土地分为市场交易途径获取的土地和非市场交易途径获取的土地两种类型，针对二者的价值核算方法进行讨论。主要针对非市场交易土地的价值核算方法进行讨论，探讨不同价值核算方法在各类土地资源价值核算中的适用性。分析非市场交易土地价值核算难点，阐明后续研究非市场交易土地价值核算方法的必要性。

（四）非市场交易土地中综合行政用地价值核算

该部分将针对政府资产中公共管理与公共服务用地中的综合行政用地价值核算问题进行讨论。首先，基于综合行政用地的特征，从核算准则与时效性、方法的适用性与可行性等方面提出综合行政用地价值核算的标准。其次，分析可用于该类土地当期价值核算的方法与可用于价值区间修正的方法，如基准地价修正法、市场比较法、影响因素建模法等。再次，以某服务机构为例，核算其土地价值及价值修正区间。最后，分析各类方法在土地价值方面的适用性。本书除了考虑综合行政用地本身的当期价值外，还考虑了地方政府在面临债务危机时对该土地的不同处理方式而可能得到的土地价值范围，有利于预防债务危机的发生。这是本书的主要创新点之一。

（五）非市场交易土地中公园用地价值核算

该部分针对公园用地具有一定潜在收益能力的这一特征，除了采用基准地价修正法、市场比较法和影响因素建模法核算公园用地价值外，还采用条件价值法通过游客支付意愿（WTP）调查来核算公园的潜在收益能力，进而基于政府偿债能力核算公园用地的价值。政府在面临债务危机时，可以将免费公园转换为收费公园，这样既保持公园本身的公共休憩娱乐服务功能，又可以在一定程度上缓解政府的债务危机，基于这一角度核算的公园用地价值可以作为政府资产中公园用地价值核算的参考。

（六）非市场交易土地中公路用地价值核算

该部分是本书的难点之一，主要包括四个部分。第一部分分析了我国目前公路的分类方案和公路运输发展现状，对我国公路整体发展进行了梳理。第二部分结合澳大利亚部分地方政府的财务报告，根据我国国情确定纳入政府资产中的公路类型。第三部分分析了我国可用于公路用地价值核算的成本逼近法与收益还原法的基本原理与实施步骤。第四部分则对我国某段高速公路用地采用成本逼近法与收益还原法进行了核算，对核算中遇到的各类问题进行了分析。最后，对上述两种方法进行了对比分析，给出可供我国公路用地价值核算的建议。

（七）其他非市场交易土地价值核算方法探讨

该部分对非市场交易土地中的机场用地、港口码头用地、铁路用地、轨道交通用地及风景名胜设施用地的特征及价值核算方法进行了分析。这几类土地功能复杂，因此需要将土地细分，然后根据具体的细分土地类型采用合理的核算方法进行价值核算，最终将各细分类型土地价值核算时期统一，获得该类土地核算期的最终价值。该部分完善了政府资产中非市场交易土地价值核算问题的研究，可以为各统计部门的具体实践提供参考。

（八）结论及研究展望

该部分将梳理研究结果，总结研究结论，确定纳入我国政府资产负债核算的土地类型以及适合各类土地价值核算的方法，并针对有关问题提出政策建议，结合研究的不足之处，提出未来研究的可行方向。

二、研究方法

本书的理论分析部分主要采用文献分析法、对比分析方法，针对政府资产负债核算，本书将对比国民经济核算体系（SNA1993、SNA2008）、政府财政统计（GFS2002、GFS2014）、国际公共部门会计（IPSAS）三个国际标准中针对政府资产核算主体、范围等方面的异同。对于土地资源核算，将对比国民经济核算体系（SNA1993、SNA2008）、环境与经济综合核算体系（SEEA2003、SEEA2012）中有关自然资源尤其是土地资源在核算范围、核算口径、估计原则等方面的区别。同时分析国内外有关政府资产负债表编制及其应用的文献资料，确定本书研究的理论基础。

对于价值核算部分主要采用基准地价修正法、成本逼近法、收益还原法、条件价值法、特征价格法、市场比较法以及建立相关的统计模型等方法进行分析，其中部分方法的实现需要用到问卷调查法或专家咨询法，对土地价值现值的核算还需要使用永续盘存法、折现法等。

基准地价修正法：根据《城镇土地估价规程》等有关章程，基准地价修正法是通过使用待估宗地地价修正系数，对各城镇已公布的同类用途或同一区域土地基准地价进行修正，估算待估土地客观价格的方法。

成本逼近法：根据土地取得综合成本来估算土地价值，其中：

新开发土地价值 = 土地取得费 + 土地开发费 + 利息 + 利润 + 土地增值收益
已开发土地价值 = 土地重新开发成本 − 减价修正

收益还原法：适合具有持续性收入的土地类型，如收费公园、景区等。根据土地类型确定土地的预期使用年限，估算土地预期总收入，扣除维护等成本，计算并预测使用年期内总收益，结合土地还原率相关数据，进行贴现处理，按一定比例剥离土地价值与土地上建筑物或其他设施价值。土地及其上建筑物或其他设施价值比例则可参考部分国外研究成果并结合我国的实际情况进行估算，必要时可通过德尔菲法得到合理的比例。

条件价值法：CVM 法基于现代经济学的消费者剩余理论和福利经济学原

理，是通过对假设市场的消费者偏好的调查来探知研究对象价值的重要评价方法，是目前应用较为广泛的公共物品价值评估方法。其主要流程分为三步：一是构建假设场景；二是询问被调查者的意愿；三是通过被调查者的社会属性和个人选择进行关联分析来判断价值评估的有效性。

特征价格法：又称为享乐定价法，是基于商品价格取决于商品各方面属性给予消费者的满足这一效用论的观点而建立起来的价格模型，通过区位属性、结构属性、邻里属性等综合分析商品价值。常用于住房价格的研究，也可以对土地价值进行估算。

市场比较法：使用待研究土地类型附近的土地单位价值来估算被研究土地单位价值，具体实施时需考虑被研究土地附近的土地类型、土地位置分布、土地的个体因素、估价时期因素、使用期限等多方面的因素，进行各因素的影响系数调整，最终估算被研究土地价值。该方法对于各类城镇土地具有很好的适用性，所得结果也更趋近于市场价值。

影响因素建模法：对于部分难以通过上述方法计算或受其他因素影响较多的土地可以通过分析该类型土地价值的影响因素来确定，如人口密度、经济发展程度、土地的使用期限、土地的容积率等因素。可通过已知的有市场价值的土地作为样本建立统计模型，通过参数估计，确定影响该地区土地价值的各类因素，根据待估价土地的各因素对应数据，估算待估土地价值；该方法所需基础数据较多，土地交易的相关数据越详细，核算结果越可靠，并且通过该方法还可根据时间变化预测未来各影响因素的值来估算土地的未来价值。

本书核算的土地类型为纳入政府资产范围内的土地，其中大多数土地为政府划拨征收获得，即通过非市场交易的方法获得的土地无法获得其市场价值。因此，可以根据不同的土地类型特征，采用合适的方法进行核算，通过各类方法的核算结果进行加权求得待估土地的合理价值。

三、研究思路

首先，依据 SNA（2008）、SEEA（2012）、IPSAS、GFS（2014）等国际准则以及土地经济学和土地资源学的相关理论，从理论上对国家资产负债核算、政府资产负债核算、自然资源资产负债核算、土地资源资产负债核算的原理进行分析，奠定本书研究的理论基础。

其次，根据我国政府资产负债核算的目的，结合《物权法》等有关法律，从法律所有权、使用权、发展权归属角度和各土地类型与政府资产负债的相关程度出发，确定纳入政府资产负债核算的土地类型，考虑土地类型转换问题，并完成相关表式的设计。

再次，根据前文所确定的政府资产负债中土地资源的核算范围，将土地分为市场交易渠道获得的土地和非市场交易渠道获得的土地两种类型，分析两类土地适用的核算方法。针对非市场交易渠道获得的土地，选择具有代表意义的综合行政用地、公园用地、公路用地等几类土地，分别采取不同的价值核算方法进行价值估算，包括成本逼近法、收益还原法、基准地价修正法、市场比较法、CVM 法以及综合了人口密度、经济发展情况、地区位置等因素的统计模型分析，并以湖北省部分对应类型土地为例进行具体核算。对核算结果进行对比，探析各类方法的原理与核算过程，结合各地政府编制资产负债表的需要，综合考虑时效性、可行性、合理性等因素确定不同类型土地所适合的价值核算方法。同时对其他非市场交易土地的土地特征和价值核算方法进行了基本的分析研究。

最后，对全文的研究内容进行总结分析，并提出研究展望。根据以上内容，得到本书的研究技术路线如图 1 - 1 所示。

四、创新点

（1）本书针对政府资产中土地资源核算问题，从土地资源与土地经济理论以及 SNA 和 SEEA 等国际准则涉及的政府资产负债理论和土地资源负债理论出发，综合考虑马克思主义经济学理论与西方经济学理论观点，分析了政府资产中土地资源核算的理论基础，梳理了土地资源与现有资产负债核算体系的关系。

（2）在政府资产负债中土地资源核算范围界定时，结合我国存在集体所有制这一特殊情况，同时从法律所有权、使用权、发展权等权利归属角度和不同类型土地与政府资产负债相关的密切程度来确定纳入政府资产负债核算范围的土地类型。

（3）通过分析各种影响土地价值的因素建立统计模型来估算土地价值，目前国内还没有针对城市土地价值核算的影响因素模型分析。本书将考虑土地所在区域人口密度、经济情况、土地使用类型、土地容积率、土地使用期限等因素，建立土地价值影响因素模型来核算土地价值。

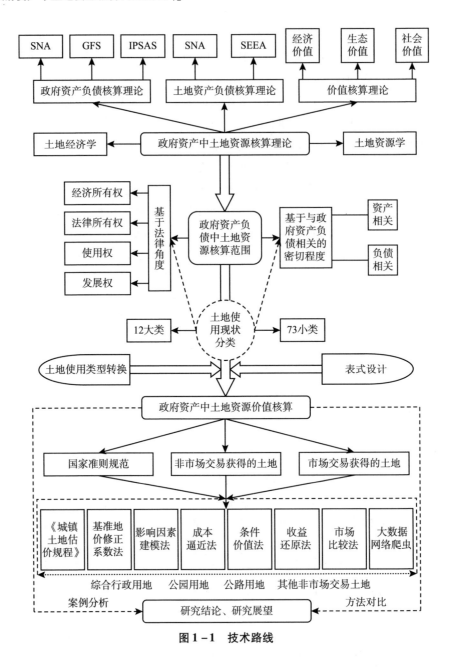

图1-1 技术路线

（4）针对不同的土地资源采用不同的核算方法，包括基准地价修正法、成本逼近法、收益还原法、市场比较法、条件价值法等方法，并以具体案例对不同方法的核算原理及核算结果进行比较，确定各方法在不同类型土地价值核算中的适用性。

（5）针对政府资产负债范围内的部分土地，本书提出了需根据政府未来对该土地可能的处置方式确定合适的价值核算方法。如对开放公园的价值核算，若政府未来面对债务危机时将其改为收费公园，则用条件价值法核算其价值更为合适；若政府将此土地转让为建设用地等，市场比较法和影响因素建模法更为合适。可以估算土地的价值区间，供政府在面临不同程度债务危机时选择合适的处置方式。

第二章
政府资产中土地资源核算理论

第一节　土地资源与土地经济理论

一、土地资源理论

（一）土地的概念

土地这一概念已被大家所熟知，但土地的确切定义却一直以来存在争议。《资本论》中认为土地应该理解成各种自然物体本身，经济学上所说的土地是指未经过人的协助而自然存在的一切劳动对象，说明土地首先是一个自然概念。但不同的经济学家持不同的观点，对土地概念的讨论大体分为以下三个方面。

（1）土地的横向范围。范围从大到小可分为四个层面：第一层面认为土地就是自然，包含一切自然生成的环境因素，包含水、空气等；第二层面认为土地是地球表层，包括陆地和海洋；第三层面认为土地就是陆地，是地球表面除去海洋的部分，但是包含陆地上的河流、湖泊等；第四层面认为土地就是土壤，是指能够供植物生长的土壤，将所有的河流、湖泊、沟渠等排除在外。

（2）土地的纵向范围。是指土地上下空间的划分范围，从大到小也分为四个层面：第一层面认为是包含土地上面和下面的无限空间；第二层面认为是从地壳底至大气层；第三层面认为土地范围包含土壤、地貌、植被的全部，以及地表水、浅层地下水、表层岩石等；第四层面认为土地的纵向范围指地下存在生物的圈层至大气层。本书研究的土地资源主要指土地地表层面。

（3）土地的自然与经济范围。一个层面认为土地是地球陆地表面，由土壤、气候、动植物等构成的自然综合体，包含人类过去和现在的生活活动；另一个层面认为土地是自然经济的综合体，土地是地球的陆地表层范围内，由土壤、岩石、矿产、水、气候、地质以及人类活动对上述要素产生的种种结果所组成的自然经济体。

1976 年联合国粮农组织（Food and Agriculture Organization of the United Nations，FAO）发表了《土地评价纲要》，对土地定义如下：地表的一个区域，包括该区域垂直向上和向下的生物圈的全部合理稳定的或可预测的周期性属性，包括大气、土壤和下伏地质、生物圈、植物界和动物界的属性，以及过去和现在的人类生活的结果，考虑这些属性和结果的原则是，它们对人类、对土地目前和未来利用施加重要的影响。

由以上定义可以看出，随着社会的不断发展，土地已经不单纯是纯粹的自然产物，而是自然、经济、历史的综合体。因此，在考虑土地属性时，应在马克思主义经济的基础上，结合实际发展情况，综合考虑土地的自然属性和经济属性。

（二）土地资源的属性

土地既是一个自然概念，又是一个经济学概念，是一切劳动对象的生产资料，同时拥有自然属性和经济属性。

1. 土地的自然属性

土地作为生产资料，与其他机械、原料等并不相同，因为其具有自然属性，不是人类劳动的产物，其自然属性主要体现在以下几个方面。

（1）土地数量有限，不能像其他物品一样无限生产；

（2）土地位置或空间固定；

（3）土壤的状况随时间变化；

（4）土地很难被替代；

（5）土地拥有生产功能、空间承载功能、景观功能；

（6）土地可以反复利用；

（7）土地具有生产性，能满足植物生长所需条件。

2. 土地的经济属性

人类对土地的开发利用是把它作为劳动对象和最基本的生产资料，无论是种植植物还是建设房屋等，所以土地资源也具有一定的经济属性。其经济属性主要体现在以下几个方面。

（1）土地供给的稀缺性；

（2）土地的可垄断性；

（3）土地不同用途的转变受到土地位置固定的制约；

（4）土地的可改良性；

（5）土地利用具有外部性；

（6）土地可增值。

由以上分析可知，土地同时具有自然属性和经济属性。因此，仅具有自然属性的土地只有价格而没有价值，但同时具有自然属性和经济属性的土地除具有价格之外，也是具有价值的。土地还具有资产功能，因此，从土地资源的概念与属性来看，土地作为一个自然与经济的结合体，应当纳入资产负债核算的范围。

二、土地经济理论

（一）地租理论

地租，是土地所有者凭借土地所有权向使用者索取的经济代价。马克思主义地租理论将地租分为级差地租、绝对地租和垄断地租；现代西方经济学将地租分为契约地租和经济地租。资本主义地租反映的是土地所有者通过产业资本家占有雇佣工人创造一部分剩余价值的经济关系。社会主义地租反映的是在国家、集体和个人三者之间以及土地所有者与使用者根本利益一致的前提下，对土地收益的分配关系。

（1）古典经济学地租理论。古典经济学创始人威廉·配第（William Petty）提出地租是在土地上生产农作物所得的剩余收入，受土壤肥沃程度和耕作技术水平的影响。亚当·斯密（Adam Smith）认为地租是使用土地而支付给地主阶级的代价，其来源是工人的无偿劳动。大卫·李嘉图（David Ricardo）提出地租产生的条件是土地的有限性和土地的肥沃程度及位置差异。詹姆斯·安德森（James Anderson）认为地租是在同一市场价格的前提下，由于土地肥沃程度差异而产生的超额利润。德国经济学家杜能（Thünen）分析了土地位置与地租的关系。法国庸俗经济学创始人萨伊（Say）认为，价值是由劳动、资本和土地三个要素共同作用产生的，地租是土地所有者的收入。

（2）现代西方经济学的地租理论。现代西方经济学代表萨缪尔森（Samuelson）认为地租是为使用土地所付出的代价，土地数量是固定的，因而地租量完全取决于土地需求者之间的竞争。美国土地经济学家巴洛维（Barlowe）

认为地租是总产值减去土地要素成本之后的价值，各类土地上的地租取决于产品价格水平和成本之间的关系。

（3）马克思主义地租理论。马克思认为地租是由超额利润转化的，分析时以农业用地为典型，将资本主义地租分为级差地租、绝对地租和垄断地租三种。级差地租是经营优质土地的资本家获得的个别产品价格与社会产品价格的差额，与土地等级有关，级差地租Ⅰ是基于土地肥沃程度和土地位置产生的，级差地租Ⅱ是基于劳动生产率的差异而产生的。绝对地租是土地私有者因土地所有权获得最终归属于农业部分的超额利润。垄断地租是由垄断农产品带来的超额利润获得的。

基于上述理论的对比，根据我国目前的农业和工业发展状况，对于地租的分析应在马克思地租理论的指导下，结合西方经济学地租理论的优点，形成符合我国实际国情的地租理论。我国地租是对国家、集体、单位或个人利益的合理再分配。

（二）地价理论

马克思主义认为土地是自然物品而不是劳动产品，因此土地价格并不是土地价值的体现，而是地租的资本化价值。西方经济学家认为土地价格是由土地的利用收益和土地卖掉时可能收益共同的反映。我国《城镇土地估价规程》认为我国土地价格是在正常的市场条件下，一定年期的土地使用权未来收益的现值总和，是建立在土地使用权出让基础上产生的，划拨土地等手段是其使用价格的特殊形式。

土地价格是土地的权益价格，是土地这种资产权利转移时可能获得收益的反映。土地的价格依旧由土地的供给与需求决定，其中需求对土地价格的影响更大。但在实际中，对土地价格的影响因素有很多，如经济发展状况、人口的集聚程度、城市的规划、土地的产权状况、土地位置、环境等。因此，对土地价格的估计需要综合考虑多方因素。

三、土地资源价值理论

（一）土地资源价值存在理论

土地资源是否有价值一直存在争论，马克思主义观点是土地是自然物品，只有价格而没有价值，西方经济学家则认为土地是自然物质和经济历史的综合体，是存在价值的。其实二者并不存在绝对的矛盾，马克思主义基于土地本身尤其是农业土地来阐述土地的本质，西方经济学家则基于土地本身以及土地的资本构成来衡量土地价值。随着我国经济社会的发展以及人口、资源与环境等问题的出现，尤其是我国坚持中国特色的社会主义市场经济体制和我国城镇化的发展这一现实国情，从经济、历史的角度考虑土地这一综合体更具有现实意义。在日常生活中所说的土地实质上也是指土地综合体，其价值主要以以下两个理论为基础。

（1）劳动价值论。劳动价值论强调劳动创造价值，认为价值取决于物品中所凝结的社会必要劳动量，土地除提供粮食、生存空间外，还具有涵养水源、净化空气等作用，所提供的生态环境具有使用价值。为实现这一价值，需要人类的劳动。因此劳动价值能够解释部分土地非市场价值的存在。

（2）效用价值论。西方经济学对土地价值的研究基于"资源稀缺性"和"效用价值论"，认为土地可以满足人类的某些欲望，具有一定的效用，人类获得效用并不一定必须经过生产活动，通过自然一样可以获得。这是土地除具有价格外还具有价值的另一个理论基础。

（二）土地资源价值构成

目前并没有统一的土地价值构成理论，也没有针对土地价值的核算方案，除了土地的经济价值外，众多学者从环境保护以及旅游休憩等方面出发，认为土地也存在生态价值和社会价值。

1. 土地资源的经济价值

国内外对于土地经济价值的讨论较多，其中新西兰经济研究所① （New Zealand Institute of Economic Research，NZIER）对自然资源经济价值的分类较为全面，具体如图 2 - 1 所示。

由图 2 - 1 可知，总经济价值包含使用价值和非使用价值。使用价值又分为直接使用价值、非直接使用价值、未来使用价值，非使用价值（即土地的存在价值）。直接使用价值指的是其商业价值及基于娱乐、卫生等功能的价值；非直接使用价值主要指其为支持相关的生产、消费等提供的环境服务价值；未

———————————

① 新西兰经济研究所是一家独立的经济咨询公司。

来使用价值主要包含选择价值和遗产价值，选择价值主要指保留的未来潜在价值增加，遗产价值主要指当代未使用而留给后代的经济价值。非使用价值主要在于资源的美学、文化等价值。

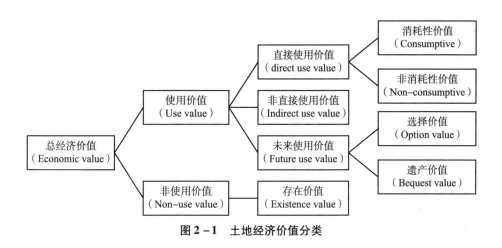

图 2-1　土地经济价值分类

基于资产负债的角度，本书所研究的土地价值主要是商业价值，其他经济价值则不予考虑。

2. 土地资源的生态价值

土地的生态价值主要在于土地的生态系统服务，是指通过土地生态系统的结构、过程和功能直接或间接得到生命支持的产品和服务，是人类生存和社会发展的物质基础和基本条件。土地的生态服务功能主要包括气候调节、气体调节、水源涵养、土壤形成与保护、废物处理、生物多样性保护等方面。

土地的气体调节功能指耕地、林地等土地具有降解污染和清洁环境的功能，可以吸收、过滤、阻隔以及分解空气中的有害气体，有吸附粉尘的作用。气候调节功能是指土地覆被的变化将会影响降水和温度，对空气中的二氧化碳量具有重要的调节作用。水源涵养功能是指土地上的植被、落叶等形成的有机质层能保持和涵养大量水分，提高渗入土壤的速度。土壤形成和保护则主要通过植被对降水的节流、对土壤的固结作用呈现。废物处理主要是土地对人畜粪便、生垃圾的分解作用。生物多样性保护功能是土地生态系统通过维持良好的物质和能量循环来维持自身功能，保证物种和基因的延续。

生态价值的核算是提高政策制定者对生态系统及生态服务重要性认识的关键工具，可以帮助政策制定者识别如何以较低的生态成本获得较高的经济价值回报。《生物多样性公约》2020 年新战略计划要求将生物多样性价值融入国家战略发展及国民核算中，国外机构开发了生态服务评估数据库（ESVD），从供给、调节、栖息地和文化服务四个方面对生态服务进行划分。但生态价值核算难以有统一的方法，估价方法包含直接市场价格法、生态服务支付法、要素所得法、替代成本法、享乐定价法、条件价值法等。

土地生态系统价值主要集中于草地和林地，国内部分学者采用某种使用类型土地价值乘以该使用类型土地的单位面积生态系数计算。

3. 土地资源的社会价值

土地的社会价值主要体现在旅游休憩和社会保障方面，其社会价值不能脱离土地上的资源、建筑物等单独存在。土地的社会保障价值主要体现为土地所提供的地上、地面、地下空间上的生产生活活动，而这一价值往往难以脱离土地上的其他因素单独存在，因此单独考虑土地的社会价值并没有很强的现实意义，本书不再讨论。

本书从政府资产负债的角度出发，主要核算土地的直接使用价值，即商业经济价值。因土地的生态价值与社会价值的核算不能真实反映政府资产负债核算范围内土地的偿债能力，因此不纳入本书的价值核算范围。

基于以上土地资源理论与土地经济学相关理论的分析，本书确定了土地价值的存在，但在土地价值的实际核算中，从操作可行性、国际可比性等多方面考虑，依旧有许多问题还没有解决，因此需要做进一步分析。

第二节　政府资产负债核算理论

一、SNA 中政府资产负债核算理论

（一）SNA 对政府范围的界定

政府的功能、权利和动机都有别于其他部门。政府提供货物和服务的范围和价格是基于政治因素与社会因素考虑的，而不是为了追求利益的最大化。因

此，基于政府功能的不同，不同组织对政府的定义也存在一定差别，SNA 作为由联合国、世界银行等五大国际组织联合发布的国际核算准则，其对政府的定义将是本书研究的主要参考依据。

SNA 将政府分为一般政府部门与公共部门，一般政府部门又包含作为机构单位的政府单位与所有政府单位控制下的非市场 NPI。政府单位是唯一一类通过政治程序设立的、在特定区域内对其他机构单位拥有立法、司法或行政权的法律实体。一般政府的子部门又有两种划分方法，第一种是分为中央政府、省级政府、地方政府、社保基金四个子部门，前三个子部门都包含 NPI 但不包括社保基金，第二种是分为中央政府、省级政府、地方政府三个子部门，每个子部门都包含 NPI 与社保基金。

公共部门则包含一般政府和公共企业。被归为公共企业的公司不仅是由另一个公共单位控制的，还必须是一个市场生产者。判断一家企业被控制的标准主要考虑是否控制表决权、人事任免、董事会等因素，若某公共单位能控制表决权和人事任免权或在董事会有超过半数的成员，则认为该公共单位具有对该企业的控制权。公共部门和其他主要国民经济部门之间的关系如图 2-2 所示。

非金融公司	金融公司	一般政府	NPISH	住户
公共	公共	公共	私有	私有
私有	私有			

图 2-2 公共部门和其他主要国民经济部门之间的关系

公共公司提供公共产品和公共服务，本书所研究的政府部门就是包含公共公司在内的更为广义的政府部门。结合我国的具体情况，广义的政府部门包含狭义政府、国有非金融企业和国有金融企业。其中中央国有企业资产负债纳入中央政府资产负债核算中，地方国有企业资产负债纳入地方政府资产负债核算中。

（二）SNA 中资产负债核算理论

SNA 第 13 章对资产负债表进行了详细的阐述，包括资产负债表的定义、资产账户、资产负债表的结构、资产账户的结构以及估价原则等。对资产负债表中的各项资产、负债以及净值进行了详细说明。

（1）资产负债表是在某一特定时点编制的，记录一个机构单位或一组机构单位所拥有的资产价值和承担的负债价值的报表。对于非常住单位的资产负债核算，SNA 是站在国外角度编制的，对国内部门和国外部门按照同样的方法处理，这与 BPM6 所编制的国际投资头寸表有所区别。

（2）对于资产账户，可以通过一个恒等式将某类资产的期初资产负债表和期末资产负债表连接起来：

资产负债表中期末资产存量价值

＝期初资产负债表中某类资产的存在价值

＋（核算期内通过交易获得的同类资产的全部价值－处置同类资产的全部价值）＋持有这些资产的其他正负物量变化价值

＋核算期内因为资产价格变化而产生的正负名义持有收益价值

（3）资产负债表主要有三部分：第一部分反映每一个机构部门及经济总体的期初资产、负债和资产净值；第二部分显示资本账户、金融账户、资产物量其他变化账户以及重估价账户中所登记的内容总和；第三部分反映期末资产负债表。具体结构如表 2－1 所示。

（4）资产账户的结构。资产账户列示了资本和金融账户、资产物量其他变化账户以及重估价账户中对各类资产的记录，其具体结构简表如表 2－2 所示。

（5）估价的一般原则。SNA 对政府资产负债的估价原则进行了阐述，认为资产负债表上每个项目的估价应采用资产负债表编制日期的现期价格，对于除土地以外的非金融资产，估价应包括与所有权转移有关的一切费用。具体则涉及市场中观测到的价值、重估价交易价值、未来收益的现值等方面。

其中，非生产资产中包含自然资源，自然资源包含土地、矿物和能源储备、非培育性生物资源、水资源及其他自然资源。以上 SNA 中有关政府资产负债核算的基本理论将是本书研究的重要理论基础以及国际参考标准。

表 2 - 1　包含资产变化的期初期末资产负债表

资产的存量和变化量	非金融公司	金融公司	一般政府	住户	NPISH	经济总体	国外	合计		负债的存量和变化量	非金融公司	金融公司	一般政府	住户	NPISH	经济总体	国外	合计
期初资产负债表 非金融资产									期初资产负债表	非金融资产								
金融资产/负债										金融资产/负债								
资产净值										资产净值								
资产变化合计 非金融资产									负债和资产净值变化合计	非金融资产								
金融资产/负债										金融资产/负债								
										资产净值的变化量								
										储蓄和资本转移								
										资产物量其他变化								
										名义持有损益								
期末资产负债表 非金融资产									期末资产负债表	非金融资产								
金融资产/负债										金融资产/负债								
										资产净值								

表 2 - 2 　　　　　　　　　　　　经济总体的资产账户

	期初资产负债表	资本和金融账户	资产物量变化其他账户	重估价账户			期末资产负债表
				名义持有损益	中性持有损益	实际持有损益	
非金融资产							
生产资产							
固定资产							
存货							
贵重物品							
非生产资产							
自然资源							
合约、租约和许可							
商誉和营销资产							
金融资产							
货币黄金和 SDR							
通货和存款							
债务性证券							
贷款							
股票和投资基金份额							
保险、养老金、担保							
金融衍生品、股票期权							
其他应收/应付款							
金融负债							
货币黄金和 SDR							
通货和存款							
债务性证券							
贷款							
股票和投资基金份额							
保险、养老金、担保							
金融衍生品、股票期权							
其他应收/应付款							
资产净值							

二、GFS 与 SNA 中政府资产负债对比

（一）GFS 对政府的定义

GFS 从经济目的、经济功能和经济行为的角度来定义政府，认为政府的经济管理职能主要有两个：（1）承担以非市场性条件向社会提供商品和服务的责任；（2）通过转移支付的方式对收入和财富进行再分配。因此，GFS 中的广义政府是一个特殊的、专门的统计范畴。其对政府划分的准则有三个：承担为整个社会或各住户以非市场性条件提供商品和服务的责任；进行转移支付，以便对收入和财富进行再分配；直接或间接通过税收和来自其他部门单位的强制转移为其活动筹备资金。

（二）GFS 中政府资产负债核算理论

GFS 以机构单位为基础核算单位，机构单位是指拥有资产、产生负债、从事经济活动并与其他实体进行交易的经济实体。这类单位能为编制 GFS 整套账户和报表提供有效信息，相关信息往往就在这些单位现有的会计记录中存在。

GFS 规定了详细的财政收支项目、现金来源与使用表、其他经济流量表，其他经济流量表是反映非政府交易对政府净值影响的表格，具体形式如表 2-3 所示。

表 2-3　　　　　　　　　　　政府其他经济流量表

项目	金额
其他经济流量造成的净值变化	
非金融资产	
持有收益	
其他数量变化	
金融资产	
持有收益	
其他数量变化	

项目	金额
负债	
持有收益	
其他数量变化	

（三）GFS 与 SNA 的联系与区别

1. 联系

（1）SNA 与 GFS 核算基础单位相同，都是以机构单位为基础核算单位。

（2）GFS 与 SNA 对交易和流量核算均采用权责发生制。

（3）GFS 与 SNA 对交易的最低一级分类基本相同

（4）GFS 的广义政府与 SNA 的一般政府核算客体相同，两者的资产项目中均包含自然资源，自然资源项目下均包含土地资源。

2. 区别

（1）SNA 以社会再生产理论为指导，GFS 以公共财政理论为指导。

（2）对政府的定义不同，SNA 从法律、政治和职能三个角度定义政府，而 GFS 则从政府的经济管理职能出发，从经济目的、经济功能和经济行为的角度定义政府。

（3）GFS 不核算政府部门的生产、流通、消费和积累；SNA 核算总产出、中间消耗等。

（4）GFS 与 SNA 核算指标体系不同，GFS 以一国政府部门的财政交易为主线，反映政府的总体运行状况；SNA 以 GDP 为核心，反映经济社会的生产、分配与使用过程。

对比 SNA 与 GFS 的异同可知，SNA 是从更为宏观的角度来定义政府，对资产负债表的设计更为全面。本书将以 SNA 为基本参考准则，对部分内容借鉴 GFS 的相关核算理论，完成对政府资产负债核算中土地资源核算问题的研究。

三、IPSAS 与 SNA 中政府资产负债对比

（一）IPSAS 中政府资产负债核算理论

国际公共部门会计准则（International Public Sector Accounting Standards，IPSAS）是由国际公共部门会计准则委员会（International Public Sector Accounting Standards Board，IPSASB）制定发布的适用于公共部门的会计和财务报告标准。公共部门会计准则涉及公共部门财务报告的目标、核算基础、要素的分类、定义、计量等多个方面。其认为公共部门负有对公共资源的受托管理责任，并且公共部门不以创造利润为目标，而是为实现合理配置，提供教育、国防以及社会保障等服务。

公共部门财务报告的主要作用是有助于使用者对资源分配作出合理的决策和评价。其核算主体可以是政府也可以是政府的部分单位，核算主体的确定需要考虑法律主体、受托责任主体的范围。公共部门核算的会计要素包含资产、负债、权益、收入、费用、所有者投入保全调整。对于会计要素的计量有历史成本、现行成本、可变现净值和现值四种方法，可根据核算内容的不同采取相应的方法。

（二）IPSAS 与 SNA 的联系与区别

1. 联系

（1）IPSAS 与 SNA 对公共部门的定义基本相同，都是不以营利为目的提供公共产品和公共服务功能的部门。

（2）IPSAS 与 SNA 均建议对交易流量核算采用权责发生制。

（3）IPSAS 与 SNA 均核算公共部门的资产、负债和净资产（权益）。

（4）IPSAS 与 SNA 核算的目的都是为了使用者能更好地作出决策和公众监督。

2. 区别

（1）SNA 基于社会再生产理论，IPSAS 基于公众受托责任理论。

（2）IPSAS 除核算公共部门的资产、负债、净资产外，还将核算收入、费用和所有者投入保全。

（3）IPSAS 仅核算公共部门的财务状况和资金流量变化，对于公共部门的整体资产负债未进行核算。IPSAS 核算公共部门的财务指标，不包含自然资源等其他资产。

对比 SNA 和 IPSAS 对公共部门核算的异同可知，IPSAS 更侧重于从会计角度出发核算公共部门的财务状况和资金流量，而 SNA 则从更为宏观的角度核算公共部门的整体情况，范围更广，但在具体核算实践中 IPSAS 仍有许多可借鉴之处。

第三节　土地资源资产核算理论

一、SNA 中土地资源核算理论

SNA 中多个章节涉及土地资源相关问题，包括土地资源核算范围与所有权、资产负债表中的土地等。

（一）范围与所有权

并不是所有环境资源都可以纳入 SNA 资产中，只有符合经济资产条件的环境资源才算作 SNA 资产，SNA 则把自然资源分为 SNA 资产与非 SNA 资产。SNA 的资产账户和资产负债表是对机构单位或单位集合编制的，只有归这些单位所有的资产价值才能纳入表中。因此，只有所有权确定的自然资源才可以纳入资产负债核算范围，土地资源以及开发的矿产资源所有权相对明晰，确权较为容易，可纳入资产负债核算范围，而原始森林、海洋等资源则难以确权，对其价值核算的实际意义也较低，因此不纳入 SNA 资产负债核算范围。

（二）土地价值核算范围

SNA 将土地定义为地面本身，包括覆盖的土层和附属的地表水，所有者通过持有或使用它们可以对其行使所有权并获取经济利益。但是坐落或途经该土地上的房屋或其他构筑物、培育的农作物、树木和动物、矿物和能源储备、非培育性生物资源、地下水资源则不包括在土地价值之中。

在实际生活中，房屋或者其他建筑物以及种植园往往与其所占用的土地一起购买或销售，而不是对土地和其上的建筑物等分开估价。如果在土地交易前，其上的建筑已经存在，这种情况下无法分别得到土地价值和建筑物价值，但可以确定是土地价值比重较大还是建筑物价值比重较大，如果土地价值所占较大，则将该土地及建筑物交易算作土地交易。

（三）资产负债表中的土地

SNA 认为在资产负债核算中，如将土地改良和土地有关的所有权转移费用视为固定资产，则需要在资产负债表中单独列示。对于土地价值的核算往往采用核算当期的市场价值这一方法，会因为土地位置、用途等存在较大差别，因此，需要分析每一块土地的位置、用途等一系列影响因素来确定土地价值。

对于土地上有建筑的土地，有时从市场上可以直接获得土地的单独价值，但大部分情况下往往只能获得土地与其上建筑的总体价值，此时通用的方法是根据价值评估报告估算土地价值与其上建筑物的价值比率，利用建筑物的重置成本推算土地价值。对于无法确定比率的则按二者的重要程度确定归属土地核算范围还是建筑物核算范围。

法定所有者资产负债表中的土地不包括用于融资租赁的土地，因为它常与土地上的建筑物或种植园的融资租赁联系在一起。但也存在特殊情况：建筑物的土地所有者不是建筑物所占用土地的法定所有者，但建筑的购买价格包括为其占用土地的未来租金。

二、SEEA 中土地资源核算理论

（一）SEEA 环境资产分类

SEEA 将环境资源分为 7 大类，分别是矿产和能源资源、土地资源、土壤资源、木材资源、水生资源、其他生物资源和水资源。在环境核算体系中，土地资源的主要作用是提供空间，土地和它所代表的空间界定了从事经济和其他活动的场所和资产所处的场所。SEEA 将土地和土壤进行明确区分，土壤的实物投入表现为土壤物量和它的营养素、土壤水及有机物质等方面。

（二）土地的定义和分类

1. 土地的定义

土地通常指陆地区域，但是 SEEA 中，土地账户包含河流和湖泊等内陆水资源覆盖区域。在某些应用方式中，土地账户可能延伸至近岸水域和某些专属经济区。土地是国家和机构部门财富的重要组成部分，连同实物特征（建筑物、土壤、树木）一起被买卖（或使用权发生改变），其混合价值包含土地所占空间的价值及其上实物的价值。

SEEA 将土地以土地利用和土地覆被两种方式进行分类。不同国家在土地利用和土地覆被类型的模式上存在较大差别，某些国家并不存在如沙漠等土地类型。土地资源核算的难点在于数据收集，目前主要采取的方式是现场调查以及卫星图像调查，随着卫星图像技术的提高，对土地边界和面积确定将更加精确。

2. 土地利用分类

对土地的利用意味着存在人类干预和管理，但并非所有土地都被利用，存在某些"未利用"土地，这些土地可能在支持生态系统和生物多样性方面发挥作用，为提供对一国土地利用情况的完备核算，必须将被利用土地和未被利用土地都包括在内。

SEEA 将内陆土地分为 7 类，内陆水域分为 4 类。具体分类如表 2 - 4 所示。

表 2 - 4　　　　　　　　　　　土地利用分类标准

1. 土地	农业
	林业
	水产养殖用地
	建筑用地和相关区域
	维护和恢复环境功能用地
	别处未予分类的其他用途土地
	未使用的土地
2. 内陆水域	用作水产养殖或容留设施的内陆水域
	用于维护和恢复环境功能的内陆水域
	别处未予分类的其他用途内陆水域
	未使用的内陆水域

3. 土地覆被分类

土地覆被指地球表面可观察到的物理覆被和生物覆被，包括自然植被覆被和非生物（无生命）覆被。联合国粮农组织制定发布了《土地覆被分类系统》，包含一国领土内所有地域的生物物理特征，基于此，SEEA 建立了一个由 14 个类别构成的分类标准。具体如表 2-5 所示。

表 2-5   土地覆被分类标准

1	人工地表（包括城市和相关区域）
2	草本作物
3	木本作物
4	多种或分层作物
5	草地
6	树木覆被区
7	红树林
8	灌木覆被区
9	水生或定期淹没的灌木和/或草本植被
10	天然植被稀少的区域
11	陆地荒原
12	永久积雪和冰川
13	内陆水体
14	近岸水体和潮间带

（三）土地实物资产账户

建立土地实物账户的目的是观察一个核算期内的土地面积和土地面积变化。一般来说，一国土地总面积从一个时期到另一个时期保持不变，因此土地实物在期初和期末之间的变化，将主要是土地所有权、土地利用、土地覆被的变化。当然，也会存在一些特殊情况使一国土地面积发生变化，如政治、战争等因素。SEEA 提供了土地覆被实物账户，如表 2-6 所示。

表 2 - 6 土地覆被实物账户

项目	人工地表	作物	草地	树木覆被区	红树林	灌木覆被区	定期淹没区域	天然植被稀少区域	陆地荒原	永久积雪冰川和内陆水体	近岸水体和潮间带
期初资源存量											
存量增加											
管理下的扩张											
自然扩张											
向上重估											
存量增加合计											
存量减少											
管理下的缩减											
自然缩减											
向下重估											
存量减少合计											
期末存量											

（四）土地货币资产账户

土地总价的变化主要与土地价格重估有关，因为土地总面积基本保持不变，但是土地用途等将会发生改变，不同类型的土地其价值也存在较大差别。SEEA 构建了土地货币资产账户，如表 2 - 7 所示。

表 2 - 7 土地货币资产账户

项目	土地使用类型								合计
	农业	林业	水产养殖用地	建筑用地	保持和恢复环境功能用地	未予分类土地	未使用土地	内陆水域	
期初土地存量价值									
存量增加									
获得土地									
重新分类									

项目	土地使用类型								合计
	农业	林业	水产养殖用地	建筑用地	保持和恢复环境功能用地	未予分类土地	未使用土地	内陆水域	
存量增加合计									
存量减少									
处置土地									
重新分类									
存量减少合计									
重计值									
期末土地存量价值									

（五）土地估价

SEEA 认为土地价值包含地段价值、土地的物理属性价值和位于土地上的生产资产价值，这些价值难以分割。同时，每年仅有很少的土地被交易，观察到的价格可能并不存在代表性。

1. 复合资产

虽然土壤资源与土地资源是区分开的独立资产，但在估价时，很难将其分割开来，一般的土地价值尤其是农用地价值，应该包含土壤价值。而在核算土地存量的期初和期末价值时，通常是计算土地价值与建筑物价值的比率来核算土地价值。因生产生活活动而产生的土地改良，将其改良价值记录为单独的生产资产。土地上的生物资源也同样单独核算。

对于道路下的土地和公共土地，其估价方式应当与其他土地相同，但是，鉴于这些资产的共同特征，很难确定合适的估价方式。公路和铁路等的价值应分别予以确定，可依据为估算国民账户中的资本存量而需要利用的建筑成本作为参考。

2. 由于土地质量变化导致的价值变化

因自然灾害、辐射性灾害等造成的土地质量的变化应单独核算。整体而言，在土地用途发生变化时重新分类，在土地用途未发生变化时重新估价核算，灾难损失单独计算。

本书将以 SNA 为主要理论和方法依据对土地资产负债进行核算，辅以 SEEA 的有关理论，将土地与其上的建筑物分割开来，考虑物量变化以及重估价核算，按期初存量、期间流量、期末存量进行核算。

第四节　土地资源与现有资产负债核算体系的关系

一、土地资源与国家资产负债表

国家资产负债表以一国总体经济存量为考察对象。按照 SNA（2008），一国的资产负债表可以划分为非金融企业部门、金融企业部门（包含中央银行）、政府（各级政府、社保基金、政府控制的非营利机构）、住户部门、为住户服务的非营利机构、国外部门六个部门。

国家资产负债表的核算客体包含非金融资产、金融资产和负债三部分。其中非金融资产包含生产性资产和非生产性资产，非生产性资产中则包含自然资源资产，自然资源资产中包含土地资源、水资源等。在非金融企业部门、政府部门、住户部门等 6 个部门中，并非每个部门都包含土地资源，但对于整个国家而言，其资产中一定包含土地资源，如属于住户部门的耕地资源，属于企业部门或政府部门的建设用地资源等。根据最新发布的《全国和地方资产负债表编制工作方案》，目前我国国家资产负债核算的主体不包括文物、古文化遗址、古建筑，水流、森林、草原、荒地、滩涂、野生动植物等难以估价或无法计量的资产，但土地资源是国家资产负债核算的重要内容之一。

二、土地资源与政府资产负债表

政府资产负债表因对政府的定义不同而存在不同的核算范围，国家资产表中的政府部门是 SNA 中的"一般政府"，即通常理解的各政府行政部门和非营利机构，不包含非金融企业部门和金融企业部门中的国有企业，包含这些国有企业的政府就是 SNA 中的公共部门，是更为广义的政府部门。本书所研究的政府资产负债核算是更为广义的政府部门，其核算主体包含中央政府、地方政府、社保基金、政府控制的非营利机构、非金融公共公司、金融公共公司 6 个部门。

政府资产负债核算的客体与国家资产负债表相似，均包含非金融资产、金融资产和负债，非金融资产包含生产性资产和非生产性资产，土地资源是非生产性资产的一种，非生产性资产还包含其他自然资源、合约租约和许可等。无论是中央政府还是地方政府或公共公司，其资产中均包含土地资源，如政府机构占用的办公用地、国有企业占用的商业用地或工业用地等，土地资源对政府的资产负债影响较大，尤其是近些年地方政府土地财政问题的日益突出，核算政府资产中的土地资源势在必行。总体而言，土地资源是政府资产负债核算的重要内容，但并非所有土地资源都属于政府资产。

三、土地资源与自然资源资产负债表

自然资源资产负债表是以一国或一地区所有自然资源为考察对象的，是衡量一国或一地区某一核算期内自然资源期初存量、期末存量以及期中变化量的资产负债表。自然资源核算主要包含土地资源、矿产资源、能源资源、水资源、森林资源等，一般核算其物量和价值量，对价值量的核算存在一定困难，目前还没有统一的核算方法。其价值核算表一般包含期初价值、当期价值增加、当期价值减少、期末价值四部门，当期价值增加包含物量新增带来的价值增加和重估价，当期价值减少一般包含物量减少带来的价值减少以及重估价、灾害污染损失带来的价值减少。

土地资源是自然资源核算的主要内容，自然资源资产负债表中包含一国或一地区所有类型的土地资源，无论是耕地还是建设用地，无论是商业用地还是工业用地或住宅用地，均包含在自然资源资产负债核算中。

本书研究的是政府资产负债中的土地资源，也就是更为广义的政府部门资产负债核算表中的土地资源，是政府资产负债表中核算内容的其中一项，既不同于国家资产负债表中的土地资源，也不同于自然资源资产负债表中的土地资源。并非所有土地类型都应纳入政府资产负债核算的范围，因此需要对纳入政府资产负债表中的土地资源进行判定，确定政府资产负债核算中土地资源的类型。

第三章
政府资产中土地资源核算范围

第一节 土地资源的分类

一、土地利用现状分类

（一）分类标准

土地利用分类是区分土地利用空间地域组成单元的过程。这种空间地域单元是土地利用的地域组合单位，表现为人类对土地利用、改造的方式和成果，反映土地的利用形式和用途（功能）。土地利用分类是为完成土地资源调查或进行统一的科学土地管理，从土地利用现状出发，根据土地利用的地域分异规律、土地用途、土地利用方式等，将一个国家或地区的土地利用情况按照一定的层次等级体系划分为若干不同的土地利用类别。

根据我国国土资源部 2017 年颁布的《土地利用现状分类》，将土地分为 12 个一级大类和 73 个二级小类，12 大类分别是耕地、园地、林地、草地、商服用地、工矿仓储用地、住宅用地、公共管理与公共服务用地、特殊用地、交通运输用地、水域及水利设施用地、其他土地。耕地包含水田、水浇地、旱地 3 类；园地包含果园、茶园、橡胶园及其他园地 4 类；林地包含乔木林地、竹林地、红树林地、森林沼泽、灌木林地、灌丛沼泽及其他林地 7 类；草地包含天然牧草地、沼泽草地、人工牧草地及其他草地 4 类；商服用地包含零售商业用地、批发市场用地、餐饮用地、旅馆用地、商务金融用地、娱乐用地及其他商服用地 7 类；工矿用地包含工业用地、采矿用地、盐田、仓储用地 4 类；住宅用地包含农村住宅用地和城镇住宅用地 2 类；公共管理与公共服务用地包含机关团体用地、新闻出版用地、教育用地、科研用地、医疗卫生用地、社会福利用地①、文化设施用地、体育用地、公共设施用地、公园与绿地 10 类；特殊用地包含军事设施用地、使领馆用地、监教场所用地、宗教用地、殡葬用地及风景名胜设施用地 6 类；交通运输用地包含铁路用地、轨道交通用地、公路用地、城镇村道路用地、交通服务场站用地、农村道路②、机场用地、港口码头用地、管道运输用地 9 类；水域及水利设施用地包含河流水面、湖泊水面、水库水面、坑塘水面、沿海滩涂、内陆滩涂、沟渠、沼泽地、水工建设用地、冰川及永久积雪 10 类；其他用地包含空闲地、设施农业用地、田坎、盐碱地、沙地、裸土地及裸岩石砾地 7 类。

（二）土地利用现状

我国国土资源部每年 3 月或 4 月会定期发布《中国国土资源公报》，统计各种使用类型土地的基本情况，如各类型土地增减变化、耕地面积、建设用地供应结构等。根据 2017 年 4 月中华人民共和国国土资源部公布的《2016 中国国土资源公报》③ 及土地调查成果共享应用服务平台的相关数据④，截止到2015 年年底，全国各类型土地利用状况如图 3 – 1 所示。

从图 3 – 1 可知，截止到 2015 年年底，全国土地使用类型以耕地、林地、草地为主，三者分为 202498 万亩⑤、379488 万亩和 429602. 9 万亩，总计占全国土地面积约 80%，城镇村及工矿用地 45949. 1 万亩，占所有利用土地的3. 6%，交通运输用地 13097. 2 万亩，占比 1. 0%。而我国大多数交易土地类型则集中于城镇村及工矿用地，其中包含城镇住宅用地与商业用地等，耕地园地等交易较少。根据中国指数研究中心数据⑥，我国 2016 年 300 个城市土地交易成交数据如图 3 – 2 所示。

---

① 社会福利用地指为社会提供福利和慈善服务的设施及其附属设施用地，包括福利院、养老院与孤儿院等。

② 农村道路土地指国家公路网络之外，主要用于服务农业生产的道路。

③ http: //10. 168. 241. 10/cache/7/03/mlr. gov. cn/f597dcdca8d620f4db45191897c64184/P02017042 8532821702501. pdf.

④ http: //tddc. mlr. gov. cn/.

⑤ 1 亩 = 666. 67 平方米，此处以来源信息为准，保留以亩为单位的表述。下同。

⑥ 中国房地产指数系统（China real estate index system, CREIS），http: //industry. fang. com/.

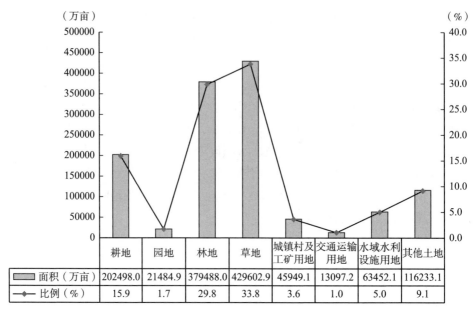

	耕地	园地	林地	草地	城镇村及工矿用地	交通运输用地	水域水利设施用地	其他土地
面积（万亩）	202498.0	21484.9	379488.0	429602.9	45949.1	13097.2	63452.1	116233.1
比例（%）	15.9	1.7	29.8	33.8	3.6	1.0	5.0	9.1

图 3 - 1　2015 年中国土地利用现状

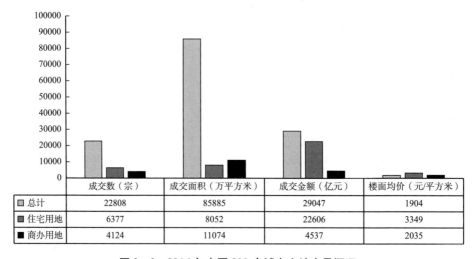

	成交数（宗）	成交面积（万平方米）	成交金额（亿元）	楼面均价（元/平方米）
总计	22808	85885	29047	1904
住宅用地	6377	8052	22606	3349
商办用地	4124	11074	4537	2035

图 3 - 2　2016 年中国 300 个城市土地交易概况

　　由图 3 - 2 可知，从成交数量上看，中国 2016 年成交土地中住宅用地和商务办公用地占全年成交土地的一半左右；从成交面积上看，住宅用地和商务办公用地成交面积占比较低，仅为 22% 左右，工业用地等其他用地占比较高；从成交金额上看，住宅用地占比较大，占全部成交金额的 78% 左右，商务办公用地成交金额占比约15%，工业用地等其他建设用地成交金额占比仅为7%左右。由此可见，我国住宅土地成交面积较少，但成交额占比较大，不同土地类型成交价格之间存在较大差异。

二、土地用途分类

根据《中华人民共和国土地管理法》，按土地用途将土地分为农用地、建设用地、未利用土地，严格限制农用地转为建设用地，控制建设用地总量，对耕地实行特殊保护。农用地是指直接用于农业生产的土地，包括耕地、林地、草地、农田水利用地、养殖水面等；建设用地是指建造建筑物、构筑物的土地，包括城乡住宅和公共设施用地、工矿用地、交通水利设施用地、旅游用地、军事设施用地等；未利用地是指农用地和建设用地以外的土地，包含河流水面、湖泊水面、沿海滩涂、内陆滩涂、冰川以及永久积雪土地、盐碱地、沼泽地、沙地、裸地①等。

土地利用现状分类和土地用途分类是两种完全不同的分类方式，并非所有的农用地都属于农村土地，如国有的草场和林场用地；也并非所有的建设用地都属于城镇土地，如农村的基建土地等。本书将以我国国土资源部2017年颁布的《土地利用现状分类》为基础，综合考虑土地用途分类，结合法律法规以及与政府资产负债的相关程度确定纳入政府资产负债核算范围内的土地资源类型。

第二节　基于法律角度的土地资源归属

一、基于法律所有权与经济所有权的划分

SNA将所有权分为法定所有权和经济所有权两类。货物服务、自然资源、金融资产和负债的法定所有者是指在法律上有权并能持续获得经济利益的机构单位；而货物服务、自然资源、金融资产和负债等实体的经济所有者是指由于承担了有关风险而有权享有该实体在经济活动期间运作带来的经济利益的机构单位。

---

① 裸地指表层为土质，基本无植被覆被的土地或表层为岩石、石砾，其覆被面积大于70%的土地。

关于土地资源所有权等相关问题，我国法律都有相对具体的规定，也有不少学者进行了深入讨论，如李克强（2008）、陈柏峰（2012）、刘超（2014）、张英豪（2016）等。我国《宪法》第九条第一款规定：矿藏、水流、森林、山岭、草原、荒地、滩涂等自然资源，都属于国家所有，即全民所有；由法律规定属于集体所有的森林和山岭、草原、荒地、滩涂除外。第十条第一款规定：城市的土地属于国家所有。《物权法》第四十六条规定：矿藏、水流、海域属于国家所有。第四十七条规定：城市的土地，属于国家所有。

我国城镇土地归国家所有，农村土地归村集体所有。《物权法》第四十五条规定国家对自然资源的所有权是由国务院代表国家行使的。而在实际操作中，土地资源等所有权往往由各级政府代表国家实施，其中，城市土地经审批后可以开发建设，而农村土地要开发用于非农建设，需要先进行征收，转变为国有建设用地。每一大类土地中都有农用地和建设用地，因此，应根据73个二级分类确定哪些属于农用地，哪些属于建设用地，哪些属于未利用地（土地利用分类与"三大类"对照见附录）。农用地并不等于农村土地，并非所有的农用地都归集体所有，其中国有林场草场用地等归国家所有；也并非所有建设用地都归国家所有，其中农村住宅用地归集体所有；对于未利用土地，其所有权也应该归国家所有。

当政府代表整个社会拥有某些实体的法定所有权时，代表其也享有经济利益。这样，政府既是这些实体的法定所有者也是这些实体的经济所有者。对于法定所有权归政府部门的土地资源，其经济所有权也大多归政府所有，在土地资源的所有权问题上，法定所有权与经济所有权归属基本是统一的。但是也存在法定所有权与经济所有权归属不一的土地类型，如私营企业的建设用地、居民的住宅用地等，其法定所有权归国家（政府代管）所有，其经济所有权在某一期限内归企业部门或住户部门所有。在此基础上，本书将进一步讨论其使用权和发展权。

二、基于所有权、使用权与发展权的划分

除所有权问题外，土地还存在使用权与发展权归属问题。政府代替国家管理土地，转让土地的使用权给企业部门或住户部门，如转让土地使用权给私营企业作为工业或商业用地，转让城镇土地给住户作为住宅用地等。此时，土地所有权虽然归政府所有，但其使用权归企业部门或住户部门所有，政府除了在转让当期获得收入外，其他时期并没有对该类土地的使用权，也

无法通过使用权获得相应的经济收入。随着我国城镇化建设的推进，土地类型也将发生变化，部分农村土地被征收，转为建设用地，这一过程中，被征收土地由于使用类型发生变化，其价值大幅提高，这一增值收益则是基于土地发展权获得。我国农村土地归集体所有，但其发展权与所有权是分离的，土地因其类型转换将会发生价值的提高，而这一增值主要是政府的政策扶持、基础建设以及众多公私营单位的投资带来的，政府在此过程中将获得土地的发展权。因此，这一增值应该归国家所有，政府在这一过程中所获得的收益将纳入政府资产，土地资源类型转换所带来的变化应当纳入政府资产负债中。但是当农村土地未被征收前，其虽有被征收的潜在可能，但并不存在增值收益，即当期不存在发展权问题，即使未来发展权归政府所有，但当期无法纳入政府资产核算范围。

通过上述分析可知，SNA 所提出的经济所有权其实是包含我国法律意义上的使用权以及发展权等在内的可带来经济价值的各项权益，两者基于不同法律基础和表达方式，但阐述的基本内容是一致的。本书根据上述法定所有权与经济所有权归属，以及使用权与发展权归属，将大部分农用地和农村住宅用地等归集体所有的土地排除在政府资产负债核算之外，而其他土地类型则需根据其具体是否具有现实的偿债能力来判断是否应当纳入政府资产负债核算中。

第三节 基于政府资产负债核算角度的土地资源归属

一、基于政府资产核算角度的划分

虽然大部分建设用地和国有林场草场用地归国家所有，由政府代表国家行使土地的所有权，但也不一定全部建设用地都会对政府资产负债产生直接影响，如管道运输用地，是用于运输煤炭、石油、天然气等管道及其相应设施的地上部分，虽然这些管道的建设等大多由政府投资，但这部分土地无法被转让或以其他方式使政府直接获得收入，同时政府对于这些管道建设的投入主要集中在建设当期，后期的维护投入不具有持续性，因此其对政府资产负债的影响较小。编制政府资产负债核算表的目的是更好地厘清政府的资产负债结构，为政府合理制定财政政策提供参考依据，将对政府资产负债无直接影响的土地纳入政府资产负债核算中并没有实际意义，因为这类土地没有直接偿债能力，也不会对政府资产和债务有直接或持续影响，将其纳入政府资产负债中反而会误导政府相关政策的制定。

因此，在土地所有权、使用权、发展权明晰的基础上，需要根据各类型土地资源与政府资产关系的密切程度进一步判断是否应将其纳入政府资产负债核算中，对于一些虽然所有权归国家所有（由政府代为管理）但使用权归全民所有并且对政府偿债能力没有明显作用的土地，不在政府资产核算范围内。

本书认为应从建设用地和国有林草场用地是否可以通过转让使用权或发展权等形式进而产生为政府偿还债务的能力，以及是否对政府财政收入和支出有直接或持续影响来判断是否应当将其纳入政府资产负债核算中。

二、基于政府负债核算角度的划分

部分基于政府公共职能的土地的所有权归政府所有，其土地类型一般不会发生变化，但政府为维持公共服务功能，需持续投入资金以及人力和物力以保证土地功能的实现和与之紧密相关的经济环境等因素稳定，可能对政府财政收支产生一定的影响。如城市间的非高速公路以及城市内街巷道路为公众提供了公共服务，具有一定的社会价值，但其用途基本不会发生重大改变。政府难以通过这些道路获得持续收入，对于公路的维护则是政府财政支出的重要部分，此类土地与各级政府的负债密切相关，但这一部分支出是政府行使其公共管理与公共服务职能的必要支出，因此并不将此类土地划入政府资产负债核算范围内。但是如工矿用地中的化工用地，将会对土地造成污染破坏，这一结果最终将由国家和政府承担，政府虽然向这类企业征收了相关污染及环境治理费用，但对于该类土地的质量改善是由政府完成的，将会对政府的资产负债产生影响。

目前对于土地负债的界定还处于讨论阶段，如何界定土地资产减少和土地资源负债仍是土地资源核算的难点问题。2017 年 6 月 26 日，中央全面深化改革领导小组第三十六次会议审议通过了《全国和地方资产负债表编制工作方案》，该方案提出暂不考虑自然资源的负债问题。但基于未来官方机构和学术界对政府资产负债核算与自然资源资产负债核算研究的推进，对于土地资源负债的界定将会逐步清晰，届时除了依据土地资源与政府资产的相关性来划分政府资产中土地资源的核算类型外，还需要考虑土地资源负债对政府资产负债的影响。根据目前政府资产负债核算理论与实践的研究推进情况，本书暂不考虑土地资源负债对政府资产负债的影响。

第四节 政府土地使用类型转换核算

随着我国经济发展及城镇化建设的展开，大量农村土地被征收后变为建设用地，或城镇建设用地因城市发展需要被重新征收规划。第一种情况是农村土地被征收，变为建设用地、工厂用地或商业住宅等其他类型土地，无论转化为哪类用地，都使得归集体所有的农村土地转换成为国家所有的建设用地，而在这一过程中，因土地类型的变化，也使得土地价值发生了直接变化，政府在此时获得土地的使用权和发展权收益。第二种情况是土地本身为建设用地，政府通过重新规划征收，变更或扩展其用途，在此过程中政府获得其发展权收益。

一、农用地转换为建设用地

本书政府资产负债表的设计中并不包含农村土地，而农村土地一旦被征收，将变为各类建设用地中的一种，此时分两种情形。第一种情形，若农村土地被征收后变为本书设计的政府资产负债表中土地类型之一，如农村土地被征收后转换为政府机关用地或国企商服用地，则应将其作为新增资源计入政府资产负债表中，类似 SEEA 中自然资源的"新发现"资源。价值核算时应计入其转换后土地类型的"物量增加"所带来的价值增长项中，这一过程中政府不再转让土地使用权（即政府不再"卖地"，留作自用），其价值核算方法可参考同类土地的价值，并减去政府征收土地的拆迁费、安置费等。

第二种情形，若农用地征收后没有变成以上政府资产负债中的内容，如被征用后变为居民商业住宅用地，政府在这一土地资源类型变化中依旧获得大量收入，这一收入可理解为政府因土地增值而获得了土地发展权。土地类型的转换大多会带来土地价值的增长，这一价值增长往往是由于政府在该地块附近交通、环境等各方面的投资和规划产生的，政府再将土地的使用权转让给房地产企业而获得收入，这一收入应当纳入政府资产负债核算中。因其不属于政府资产核算的土地资源中的任何一种，因此本书建议单列"使用类型转换"项，与纳入政府资产中的国企商服用地等土地类型并列，这类土地的价值核算以政府获得的土地出让金减去征地补偿以及其他相关费用后的净收入计算，且只在土地所有权转让发生的当期计入资产负债表中，之后在土地使用权到期之前其价值均记为"0"。而对于目前我国部分土地使用权已经到期的土地资源，其续费收入采用类似的办法计入"使用类型转换"资产中，但同样只在当年计入，之后在这一周期使用权到期之前，其余年份均记为"0"。

二、建设用地使用类型的再转换

根据城市发展的需要，除农村土地被征收转换为建设用地外，也有一些建设用地因政府的重新规划而出现使用类型发生转换。此时又分为四种情形。

第一种情形，本身为政府资产核算范围内的土地类型转为另一种政府资产核算范围内的土地类型，如政府机关建设用地转换为国企商服用地，此时分别计入政府资产负债中政府机关用地"物量减少"所带来的价值减少项和国企商服用地"物量增加"所带来的价值增加项中，其价值以对应土地使用类型的核算方法进行核算。

第二种情形，政府资产核算范围内土地类型转换为核算之外的类型，如政府机关建设用地转为居民居住用地，此时应在政府资产负债表中政府机关用地"物量减少"带来的价值减少项中计入，其价值以政府机构用地类型土地的核算方法进行核算，同时在"使用类型转换"的资产项中计入，其价值以政府土地转让收入减去相关支出来计算。

第三种情形，政府资产负债核算范围外土地类型转为核算范围内土地，如居民居住用地转换为政府机关用地，此时记录在"使用类型转换"负债项中，其价值为拆迁补偿等一系列政府支出项目的总和，并记录在政府机关用地处"物量增加"所带来价值增加项中，其价值以政府机关用地价值核算方法进行核算。

第四种情形，政府资产负债核算范围外土地转为政府资产负债核算外的另一种类型土地，如私营企业商服用地转换为居民居住用地，或居民用地的重新审批规划，如以前7层居民住宅楼经政府审批后改建为容积率更高的20层居民住宅楼，政府在此过程中获得土地使用权转让的财政计提，计入"使用类型转换"资产项中，其价值以财政计提收入计算。

上述土地使用类型转换的情形在资产负债表中的变化将在接下来的政府部门土地资源价值核算表中体现。

第五节　纳入政府资产负债核算范围的土地类型及表式设计

一、纳入政府资产负债表核算范围的土地类型

基于法律所有权归属以及与政府资产负债相关程度两个角度的分析，根据国土资源部颁布的《土地利用现状分类》，本书将各土地利用类型、用途分类以及其与政府资产负债的相关程度总结如表3-1所示。

表3-1　　　　　　　　　土地利用现状分类

一级类别	二级类别	用途分类	相关程度	一级类别	二级类别	用途分类	相关程度
耕地	水田			住宅用地	城镇住宅用地		√
	水浇地				农村住宅用地		√
	旱地			特殊用地	军事设施用地	建设用地	
园地	果园	农用地			使领馆用地		
	茶园				监教场所用地		
	橡胶园				宗教用地		
	其他园				殡葬用地		
林地	乔木林地				风景名胜设施用地		√
	红树林地			交通运输用地	铁路用地		√
	森林沼泽				铁道交通用地		√
	灌木林				公路用地		√
	灌丛沼泽				城镇村道路用地		√
	其他				交通服务站用地		√

续表

一级类别	二级类别	用途分类	相关程度	一级类别	二级类别	用途分类	相关程度
草地	天然牧草	农用地		交通运输用地	农村道路	农用地	
	沼泽草地		√		机场用地	建设用地	√
	人工牧草		√		港口码头		√
	其他	未利用地	√		管道运输		
商服用地	零售商业用地		√	水域及水利设施用地	河流水面	未利用地	
	批发商业用地		√		湖泊水面		
	餐饮用地		√		水库水面	农用地	
	旅馆用地		√		坑塘水面		
	商务金融用地		√		沿海滩涂	未利用地	
	娱乐用地		√		内陆滩涂		
	其他商服用地		√		沟渠	农用地	
工矿用地	工业用地		√		沼泽	未利用地	
	采矿用地		√		水工建筑用地	建设用地	
	盐田		√		冰川及永久积雪	未利用地	
	仓储用地	建设用地	√	其他土地	空闲地	未利用地	
公共管理与公共服务用地	机关团体用地		√		设施农业用地	农用地	
	新闻出版用地		√		田坎		
	教育用地		√		盐碱地	未利用地	
	科研用地		√		沙地		
	医疗卫生用地		√		裸土地		
	社会福利用地		√		裸岩石砾地		
	文化设施用地		√				
	公共设施用地		√				
	体育用地		√				
	公园与绿地		√				

注："√"表示与政府的资产负债有密切关系，本书认为应当将其纳入政府资产核算范围。

由表3-1可知，除国有农场、林场、草场之外，农用地在土地被征收前与政府资产负债没有密切关系，未利用地所有权虽然归国家所有，但是其在未被开发利用前并不会对政府资产负债产生影响，因此暂不将其纳入政府资产核算范围内。所有的建设用地中，商服用地、工矿用地中的工业用地和仓储用地、城镇住宅用地、公共管理和公共服务用地、大部分交通运输用地等都跟政府资产负债密切相关，应纳入政府资产核算范围，而其他建设用地则与政府的偿债能力关系较小或不会构成政府未来隐性负债，暂不纳入政府资产核算范围。各类土地具体说明如下：

国有农林草场：国有农场、草场、林场、果园、茶园等所占用的耕地、草地、林地、园地的所有权归国家所有，且其经营收入与政府密切相关，应纳入政府资产核算范围内。

商服用地：指用于商业和服务业的用地，其中属于国有企业的用地应纳入政府资产负债核算中，属于非国营企业的商服用地只有在获得使用权的当期纳入政府资产负债，其他时期不再纳入。

工矿用地：其中工业用地和仓储用地中属于国有企业的纳入政府资产负债中，属于非国有企业的也只在所有权转让当期纳入政府资产负债中。而工矿用地归国家所有，政府可直接转让，但采矿用地价值较小，且很难发生土地类型转换，因矿产的过度开采等问题造成的地质破坏则需要政府采取相应的补救措施，因此形成的债务需要政府来承担。对于化工用地造成土地严重破坏的，虽然政府征收了相应的污染补偿费用，但也需要政府承担最终补救维护的债务。盐地是指生产盐的土地，包括晒盐场所以及相应的设备占地等。

住宅用地：城镇住宅用地的使用权归住户所有，因此只有在政府转让使用权的当期或使用权续约的当期纳入政府资产核算范围，其他时期不再核算。农村住宅所有权归集体所有，不纳入政府资产核算范围，若发生拆迁征收则纳入核算范围，接下来会在土地类型转换核算中详细讨论。

公共管理和公共服务用地：指用于机关团体、新闻出版、科教文卫、风景名胜、公共设施等的土地，政府拥有使用权。对于文体娱乐用地，政府可因此获得持续稳定收入；对于机关团体用地，政府可通过转让其使用权获得收入以偿还债务，此类土地资源与政府偿债能力密切相关，应纳入政府资产负债中。

特殊用地：除风景名胜设施用地外，这类土地虽然也是建设用地，但因其特殊作用，使用类型基本不会发生改变，与政府的资产负债并没有直接联系，不再纳入政府资产核算范围。

交通运输用地：针对铁路用地，政府可通过控制其使用权而获得收入，应纳入政府资产负债中；针对公路用地中的收费公路用地，政府可通过控制其使用权而获得收入，应纳入政府资产负债中；而普通公路用地与街巷用地类似，使用权归全民所有,不纳入政府资产负债核算范围内;机场用地,指民用机场用地,政府通过控制其使用权而获得收入,应纳入政府资产负债中;针对港口码头用地,政府通过转让其使用权而获得收入,应纳入政府资产负债中;针对管道运输用地,归国家所有,其价值主要在于运输的石油天然气等,政府无法通过管道运输用地直接获得利润,除在修建当期及管道出现问题时由政府提供财政支持外,其他时期对政府资产负债没有直接影响,因此不纳入政府资产负债中。

水域和水利用地:水工建筑用地,指人工修建的闸、坝、水电厂房等建筑物用地,是建筑用地,但因其土地功能基本不会发生改变,不纳入政府资产负债核算范围;水库水面,是人工拦截汇集而成的总库容大于 10 万立方米的水库所围成的水面,具有重要的蓄水泄洪功能,属于建设用地,但不具有直接偿债能力,政府虽然对水库的维护有持续的财政支出,但针对水库水面政府并不需要持续的财政支出,因此不纳入政府资产负债中。

二、包含土地资源的政府资产负债账户

针对政府资产负债表的表式已有较多学者进行了讨论,虽然研究结论存在差异,但基本都围绕 SNA 中资产负债表的基本模式进行设定。本书也基于 SNA 的基本框架,认为上述几类土地资源应归入非金融资产下的非生产资产中,并非所有的政府部门都具有上述各类土地资源,应将不同的土地资源计入对应的政府部门中。包含土地资源的政府资产负债账户如表 3 – 2 所示。

表 3 – 2 包含土地资源的政府资产负债账户

项目	中央政府	地方政府	社会保障基金	政府控制的 NPI	非金融公共公司	金融公共公司
非金融资产						
生产资产						
非生产资产						
自然资源						
土地						
国有农林草场用地						
国企商服用地						

续表

项目	中央政府	地方政府	社会保障基金	政府控制的NPI	非金融公共公司	金融公共公司
国企工矿用地						
公共管理与服务用地						
特殊用地						
交通运输用地						
水利设施用地						
使用类型转换						
其他自然资源						
合约租约许可						
商誉和营销资产						
金融资产						
负债						
净值						

注：社保基金属于狭义政府，不存在非金融资产；NPI是非营利机构；城镇住宅用地因只在使用权转移当期纳入核算范围，因此归入"使用类型转换"中。

包含土地资源的政府资产负债账户主栏为资产负债项目，宾栏为政府机构部门。主栏的资产负债项目依据SNA（2008）应包含非金融资产、金融资产、负债、净值四大项目，其中非金融资产包含生产资产与非生产资产两个二级项目，非生产资产中包含自然资源、合约租约许可、商誉和营销资产三个三级项目。土地资源项目下包含上文所确定的应纳入政府资产负债核算范围的各类型土地所组成的项目，包括国有农林草场用地、国企商服用地、国企工矿用地、公共管理与服务用地、特殊用地、交通运输用地、水利设施用地，还包含土地使用类型转换这一项目。其中，城镇住宅用地因只在使用权转移的当期纳入核算范围，因此归入"使用类型转换"中。

包含土地资源的政府资产负债账户宾栏为机构部门，包含中央政府、地方政府、社会保障基金、政府控制的非营利机构、非金融公共公司、金融公共公司六大部分。本书中政府是指广义的政府部门，包含为住户部门服务的非营利机构以及国有企业等；公共公司包含企业型事业单位、公益二类事业单位、非金融公共公司、金融公共公司；社保基金属于狭义政府，不存在非金融资产。

政府资产负债账户核算主体为各政府机构部门所对应的包含土地资源在内

的各类项目价值，并非每个政府机构部门都包含上述所有类型的土地，不包含的土地类型在对应表格内填"0"或为空。

三、政府部门土地资源价值核算表

本书不考虑土地资源的生态价值和社会价值，对于自然资源的负债问题，相关部门目前并没有开始进行核算，学术界对自然资源的资产减少和负债如何区分和界定也仅处于讨论阶段，并没有统一的结论，因此本书不考虑政府资产负债中土地资源的负债问题，对于土地类型资产的价值量变化则可以通过表3-3进行核算。

表3-3　　　　　　　　　　政府部门土地资源价值核算表

土地类型	期初价值	当期价值增加		当期价值减少			期末价值
		物量增加	重估价	物量减少	重估价	灾害污染损失	
国企农林草场							
国企商服用地							
国企工矿用地							
工业用地							
仓储用地							
公共管理与服务用地							
机关团体用地							
新闻出版用地							
科教用地							
医卫慈善用地							
文体娱乐用地							
公共设施用地							
公园与绿地							
特殊用地							
风景名胜设施用地							
交通运输用地							
铁路用地							

土地类型	期初价值	当期价值增加		当期价值减少			期末价值
		物量增加	重估价	物量减少	重估价	灾害污染损失	
高速公路用地							
非高速公路及街巷用地							
机场用地							
港口码头用地							
水利设施用地							
水工建筑用地							
使用类型转换							

注：此处的使用类型转换是指因土地类型转换而产生的需要纳入政府资产负债核算中的部分。

政府部门土地资源价值核算表的主栏为纳入政府资产负债核算范围的各类型土地，包含国企农林草场、国企商服用地、国企工矿用地、公共管理与服务用地、交通运输用地、水利设施用地等土地以及土地使用类型转换这一项目。使用类型转换是指因土地类型转换而产生的需要纳入政府资产负债核算中的部分。

政府部门土地资源价值核算表的宾栏为土地的期初价值、当期价值增加、当期价值减少、期末价值四大部分。其中，当期价值增加中包含物量增加与重估价，物量增加包含政府机关迁移所产生的政府机关用地增加等带来的总价值增加，而重估价增加则是根据当期价格对国企商服用地等重新估价所产生的价值量等。当期价值减少除包含物量减少和重估价外，还包含灾害等造成的政府土地价值减少。该表将各种土地类型作为主栏内容，而将期初价值、价值变化、期末价值作为宾栏内容，这样就可以与上述政府资产负债账户相对应。若政府资产负债账户为期初的资产负债账户，则将该表中的期初价值并入政府资产负债账户中；若政府资产负债账户为期末资产负债账户，则将该表中的期末价值并入政府资产负债账户中，这样更方便土地资源价值核算表与政府资产负债账户的合并。

政府部门土地资源价值核算表的核算主体为纳入政府资产负债核算范围的各类土地在某一时期的期初价值、当期价值增加、当期价值减少、期末价值，在当期价值减少中包含自然灾害所带来的价值减少，若当期无自然灾害发生，则各类型土地所对应的自然灾害减少项目记为"0"或为空。

第四章
政府资产中土地资源价值核算方法

政府资产中的土地根据获得途径可分为市场交易获得与非市场交易获得，市场交易主要是指通过挂牌交易转让、协议转让等方式获得，非市场交易主要是指政府直接划拨获得或划拨后通过征收获得。市场交易获得的土地与非市场交易获得土地的最大区别是一种具有市场交易价格，一种没有市场交易价格。政府资产负债中的土地既有通过市场交易获得的，也有通过非市场交易获得的。整体而言以非市场交易方式获得为主。对于政府资产中土地资源的价值核算也要根据其土地的获得方式选择合理的价值核算方法。无论哪种类型的土地价值核算，都要遵循我国相关的法律规范和标准，也存在一些适用性较广的价值核算方法。本章将根据土地的获得途径探讨政府资产中不同类型土地的价值核算方法，分析不同方法在不同类型土地价值核算中的适用性。

第一节　土地价值核算的国家标准和通用方法

目前我国各部门针对土地出让、开发与估价等都出台了相应的标准或规范，这些标准或规范也在根据时代的发展和实际情况不断进行修订，因此在进行土地价值核算之前必须熟悉这些国家标准，才能完成政府资产中的土地价值核算。有一些土地价值核算方法受土地类型影响较小，适合于大多数的土地价值核算，如基准地价修正法和影响因素建模法。同时，随着大数据时代的到来，通过网络爬虫技术也可以获取数据来核算土地价值。本节将对这些国家标准和通用的核算方法进行介绍。

一、土地价值核算的国家标准

与土地相关的国家标准主要集中在土地的分类、开发、建设与价值估计等方面，各类相关标准规范如下。

（一）土地利用现状分类

《土地利用现状分类》由国土资源部提出，该分类规定了土地利用现状的总则、分类和编码，适用于土地调查、规划、评价、统计、登记以及信息化管理等工作。该标准是本书对土地进行分类的基本参考标准。

（二）城市用地分类与规划建设用地标准

《城市用地分类与规划建设用地标准》由中华人民共和国住房和城乡建设部提出，中国城市规划设计研究院起草，对城市建设用地的分类、划分标准等进行了规定，适用于城镇的总体规划和控制性详细规划的编制、用地统计和用地管理工作。该标准是本书对公共管理与公共服务用地分类参考的基本标准之一。

（三）国有建设用地使用权出让地价评估技术规范

《国有建设用地使用权出让地价评估技术规范》由国土资源部提出并归口，规定了土地出让的原则、方法、程序等问题，适用于国有建设用地使用权涉及的地价评估以及因调整土地使用条件、发生土地增值等情况的地价评估。该标准是本书分析土地价值增长的参考标准之一。

（四）城镇土地分等定级规程

《城镇土地分等定级规程》由国土资源部提出，与北京大学城市与环境学院以及中国土地勘测规划院起草。规定了我国城镇土地分等定级的相关定义、程度、因素选择以及资料的调查等，并对等级进行划分和评定，对相关图标进行编制和验收。适用于我国城镇土地的分等定级工作。该标准是本书使用城镇土地基准地价修正法参考的标准之一。

（五）城镇土地估价规程

《城镇土地估价规程》由国土资源部提出，规定了我国城镇土地估价的术语、定义、总则、价格影响因素、主要估价方法、评估程序等，适用于城镇、独立工矿区范围内的建设用地的价值评估。该标准是本书进行土地价值核算的重要参考标准。

（六）城市地价动态监测技术规范

《城市地价动态监测技术规范》由国土资源部发布，规定了我国城市地价动态监测的程序和方法，适用于我国城市地价动态监测。该标准是分析城市价值影响因素及未来城市地价预测的主要参考标准。

上述各类国家标准与规范是各基层政府统计部门或国土资源部门进行土地价值核算时需要遵循的基本标准，各类土地价值核算方法不应该违背上述标准所规定的基本价值评估原则和技术规范，在上述标准下进行政府资产中的各类土地价值核算才能使不同地区统计部门或国土资源部门的核算结果具有一定的可比性。

二、城镇土地价值核算的通用方法

有些土地价值核算方法使用范围有限，只适用于某些类型的土地，如市场比较法适用于有相关比较案例的土地价值核算，收益还原法只适用于具有收益能力的土地价值核算。而有些方法受土地类型限制较小，使用范围广，适用于大部分类型的土地价值核算，方法如下。

（一）基准地价修正法

基准地价修正法是根据各级政府公布的基准地价进行修正来核算待估土地的核算期价值，该方法适用于政府资产中的大多数土地类型，只要待估土地所在地区有公布该地区的基准地价图和基准地价表，就可以根据此地价进行修正核算。该方法适用范围广，但由于基准地价公布往往较为滞后，且政府官方部门公布的基准地价不够精细，该方法所获得的土地价值一般不作为待估土地的最终核算价值，但是可以作为待估土地的参考价值，与其他核算方法进行比较或与其他核算方法结果加权平均后作为待估土地的最终核算价值。

（二）影响因素建模法

无论是基准地价修正法还是市场比较法，无论是成本逼近法还是收益还原法，其最根本的理论是分析影响待估土地的各类因素，根据不同土地的特征选择相应的影响因素进行修正来核算待估土地的价值。因此，只要土地交易数据以及影响土地的各类数据足够充足，就可以直接使用已有土地交易数据建立统计模型，通过已成交土地数据估算各类因素对土地价值的影响，如位置因素、容积率因素、经济发展因素、土地类型因素、土地使用年期因素等。该方法除了可以核算土地的当期价值，还可以根据土地所在区域的经济人口等变化情况预测未来该土地的价值，进而衡量政府未来的偿债能力，以便政府作出合理的决策。

目前该方法还没有被各级统计部门使用，该方法需要各级统计部门人员具有一定的统计学和数学基础，能够使用相关的统计软件进行模型估计和预测。这是本书的主要创新方法之一，随着未来政府对各类土地相关数据收集的逐步推进以及土地数据库的建立，土地价值的影响模型会越来越精细，土地价值的核算结果也会越来越可靠。

（三）特征价格法

特征价格法目前主要用于核算房产价值或房屋租金，其基本原理与影响因素建模法类似，认为房产的价格主要由房产的区位特征、邻里特征、建筑物特征决定，区位特征包括与市场中心的距离、与车站的距离等因素；邻里特征可通过与学校的距离、与医院的距离等指标来衡量；建筑特征则包含校区的绿化特征、建筑物使用时间特征等。对于政府资产中的行政用地、教育用地与医疗用地等具有大规模建筑物附着的土地，可以使用特征价格法核算其土地价值，方法与使用特征价格法核算房产价值类似，但难点是如何将建筑物的价值与土地价值采用一定的比例剥离，这一剥离系数需要大量的已知数据为基础进行测算，目前难以实现。

（四）大数据网络爬虫技术

随着互联网技术与地理信息系统（Geographic Information System，GIS）技术的发展，使用各类计算机语言和软件可以抓取大量的土地成交数据，并可以通过对数据的抓取来估算土地的价值变化幅度。这一方法最大的特点是可以利用更多的微观交易数据来核算土地价值，同时结合 GIS 技术能够更精确地捕获待估土地地理位置对土地价值的影响。目前已有部分学者尝试使用网络爬虫技术编制土地价格指数，但这一方法还不具有普适性，对于各地区基层统计部门来说在具体实践操作中还存在一定难度，各地区也会因为选择的样本不同导致结果出现差异，使得各地区土地价值核算结果不具有可比性。但相信随着这一技术的逐步发展与普及，以及越来越多相关的土地数据库的建立，基于大数据分析的方法将会应用到土地价值的核算上。

第二节　市场交易土地的价值核算方法

通过市场交易获得的土地可以根据获得土地时的交易价格为基础进行价值核算，然后根据核算时期、土地用途、周边环境、经济发展状况、人口等因素调整因核算期不同以及土地自身发展变化所带来的价值影响。根据第三章政府资产负债核算中的土地资源类型，政府资产中主要通过市场交易获得土地的有部分国企农林草场用地、部分国企商业服务用地、部分国企工矿用地，政府资产中通过市场交易获得的土地均是具有企业性质的土地，其他具有公共服务性质的土地，如公共管理与公共服务用地和交通用地，则以政府划拨征收方式获得为主。当然，也并非所有的国企用地均是市场交易获得，也有部分国企用地是政府直接划拨所得。对于通过市场交易渠道获得的土地，可以通过挂牌转让、协议转让或在企业并购中获得，不同的交易方式所获得的土地交易价值在不同程度上反映着土地的市场价值，因此要分别讨论其价值核算方法。下面对通过市场交易获得的国企用地的价值核算方法进行一一说明。

一、挂牌转让交易的土地

根据第三章纳入政府资产负债核算中的土地类型，政府通过市场交易渠道获得的土地主要是国企农林草场用地、国企商业服务用地、国企工矿用地等。农林草场用地均为城市外大面积的农场、林场与草场，占地面积较大，往往处于城郊或乡村，因此所在区域并没有各城市官方公布的基准地价，难以通过基准地价进行价值核算。国企农林草场用地是指国有企业所拥有的用于生产的农业用地、园地、林地以及草地，如国有粮食企业的耕地、国有畜牧业的草地等。该类型土地一部分以政府直接划拨征收农村土地获得，另一部分则是国有农林草场企业通过市场交易获得，包括挂牌转让竞拍获得土地和从其他企业协议转让土地，在企业并购中也可以获得相应的土地资源。因此，对于这部分具有市场交易价值的土地可以根据其获得时的交易价格进行修正核算。国企商服用地和工矿用地中同样也有部分土地是通过挂牌转让交易的，还有部分土地是通过协议转让或在企业并购中获得的。针对这两种情况要采用不同的价值核算方法。

由于国有农林草场企业或国企商服、国企工矿企业通过竞拍获得政府或其他企业挂牌转让的土地是通过市场竞拍获得，虽然已充分体现其成交当期的市场价值，但各类土地价值都处于不断变化之中，成交期土地价值并不能真实反映核算期该土地的价值，因此对于该类土地的价值核算需要修正的主要因素是核算时期因素。可以根据核算当期成交的同类型的相似位置或质量的土地价格变化进行修正，若核算期无相似土地则可根据同类型土地的平均价格变化进行修正。若企业在每年的资产负债表中对相应的土地价值进行了修正，则各地统计部门可直接根据企业上报的资产负债数据获取其核算期土地价值。若企业未做核算期价值变化修正，则各地方政府统计部门可按上述方法进行核算期因素修正。

二、协议转让或企业并购中获得的土地

很多国有农林草场企业用地或工矿企业用地及商服用地是通过与其他企业的协议交易或在国企对其他企业的兼并收购中获得的，如因企业之间债务或其他利益关系而达成的协议转让。因为是协议转让，交易双方可能存在其他的债务或利益关系，其协议转让价格并不能真实反映交易土地的市场价值，而在企业的并购中，同样因为牵涉技术、渠道、资源等多方面的因素，并购中对农林草场或工矿企业的土地价值估算也难以真实反映其市场价值。因此，对该类土地的价值核算不可采用其获得土地时的价值直接进行核算时期的因素修正，需要根据该类土地在协议转让中是否按市场价值进行估价来确定最终的核算方案。若企业在自身资产负债核算时对所获取土地价值按市场价值进行了修正，可根据国有企业核算期的资产负债表直接获取其土地价值；若企业资产负债表并没有对相应的土地价值进行修正，则可以根据该企业或相似企业同类型市场交易土地价格变化对土地进行价值修正。若这类土地在政府官方的基准地价核算范围内，也可以通过基准地价进行讨论，接下来将具体分析。

三、具有基准地价的土地

商业服务用地与工业矿业用地的获取途径类似，二者的区别在于大部分商业服务用地在城市内，大部分工矿用地在城市外，对于城市外通过市场交易获得的商业服务用地和工矿用地，可以根据上述两种交易渠道通过对市场交易价

格进行修正来核算。而在城市内的商业服务用地与工业矿业用地，其位置处在政府基准地价划定范围内，可以采用基准地价修正法进行核算，也可以根据土地的市场成交价值进行修正。

每个城市的相关部门将城市用地划分为多个片区，根据各片区的位置及其对应的人口经济等情况，按不同的土地使用类型将各片区土地划分等级并公布基准地价，不同类型的土地基准地价划分区域存在一定的差别，同一位置作为商业用地和作为居住用地其等级可能不同。各地区统计部门可根据各国企的商业服务用地或工矿用地所在的地理位置，获取该地区国土部门官方公布的商业服务用地基准地价或工业用地基准地价，根据基准地价公布日期与核算期的差别对核算时期因素进行修正，根据修正结果获得待估土地的核算期价格，最终获取待估土地的核算期价值。

对于国有企业通过市场交易获得的商业服务用地或工矿用地，尤其是土地市场交易日期距离核算期较近的土地，建议采用市场交易价值进行修正，因为市场交易价值直接体现了交易期该土地的市场价值，只需对核算期与交易期之间的核算时期差异进行修正即可获得较为可靠的核算期土地价值。对于交易时期距离核算期较远的土地，仍建议采用基准地价修正法，因为政府官方国土部门会定期公布最新的基准地价，虽然公布时期相对核算期具有一定滞后性，但相比土地交易期较为久远的土地更能真实反映土地的近期价值，所得结果更为准确。当然，对于上述土地也可以同时采用基准地价和市场交易价值进行修正，根据基准地价修正可以反映土地的各方面价值影响因素，根据市场交易价值修正则可以反映土地市场供需关系对土地价值的影响，两者各有利弊，最终根据具体情况进行加权获得土地的最终价值。若国有企业核算期资产负债表中已对该企业土地价值进行过修正，各地区统计部门也可以直接采用企业上报的土地价值作为最终核算价值。

综上所述，通过市场交易获得的土地，无论是国有农林草场用地还是国有商业服务用地与工矿用地，其交易价格能真实反映土地交易期的市场价值，以此为基准进行各影响因素修正也能更真实地反映土地的核算期价值。因为是企业所有，也可根据企业资产负债表中相应土地价值进行核算，若企业报表中已经对相关影响因素进行了修正，各地区统计部门则可直接使用企业上报数据作为待估土地的核算期价值，若企业未及时对待估土地进行各类影响因素修正，各地统计部门可根据土地交易价格或土地所在区域的基准地价进行修正核算。

通过市场交易获取的土地因具有市场交易价格，其核算期的价值估算相对容易，可以通过企业直接上报数据获取，因此，各地统计部门在编制政府资产负债表时对该类土地的价值获取相对容易，核算方法也相对简单，本书不再对市场交易途径获得土地的价值核算进行详细说明。政府资产负债中土地价值核算的真正难点是通过非市场交易途径获取的土地价值核算，这将是本书研究的重点。

第三节　非市场交易土地的价值核算方法

政府资产中的土地资源除了上述各类国企用地，还包括公共管理与公共服务用地以及交通用地，这两大类土地大部分是以政府直接划拨所得或根据政府规划征收其他用地后所得。因为这类土地提供公共服务的特殊性质，其土地位置选择、土地形状等诸多因素都比较特殊，该类土地很少也很难直接通过市场交易获得。因此，非市场交易获得土地的价值核算将是政府资产中土地价值核算的难点。本节将从多方面详细阐述不同类型土地的价值核算方法。

一、有相似市场交易案例的土地

政府资产中有些土地虽然是通过非市场交易获得的，没有市场交易价格，但是有与其类型、功能、位置等相似的土地是通过市场交易的方法获得，具有市场价值，对于这类具有相似市场交易案例的土地，可以采用市场比较法与剩余法核算其价值。

（一）市场比较法

公共管理与公共服务用地中，行政用地、医疗用地、教育文化体育用地等类型的土地，大多数具有相似的市场交易案例。如政府部门办公用地的功能类似商务办公，有很多商务办公用地的市场交易案例。因此，对于这类具有相似市场交易案例的土地，其价值核算可以采用市场比较法，根据其相似土地的市场交易价值，考虑地理位置、使用期限、容积率、核算时期等诸多因素，通过比较案例对比获取相应的各项因素修正系数，最终估算该类土地的价值。市场比较法的原理及核算步骤将在第五章综合行政用地价值核算的具体案例中详细介绍。

（二）剩余法

政府资产中还有一类土地也具有或潜在具有相似类型的市场交易土地案例，即未开发使用的土地，这类土地的使用权可能归政府行政部门，也可能归某些国有企业，对于这类土地的价值可以通过剩余法（又称为预期开发法或假设开发法）来核算。剩余法是在估算开发完成后房地产交易价格的基础上，扣除预测的未来建筑物的建设成本及其他税费、利息、利润等相关费用，得到剩余价格来估算土地价值的一种方法。它的理论依据是地租理论与价格构成理论。其计算方法为：

$$土地价格 = 房地产市场交易价格 - 除土地价格外的房地产开发建筑成本 - 税金 - 利息 - 利润$$

剩余法适用于待开发的土地或待拆迁改造的土地，其最大特点是需要对未来交易价格、开发建筑成本等一系列数据进行预测，而这些数据又取决于待估土地的最终使用类型以及房地产行业行情等诸多因素，对于待估土地房地产未来的交易价格，可以根据市场中相似房地产的交易价格来核算。因为该方法对房地产市场预期交易价格的预测取决于该土地的最终使用类型，在政府未确定待开发土地的具体使用类型时，对其价值核算只能根据未来可能的使用类型进行估算，在具体实践中存在一定的主观不确定性。政府资产中未开发利用的土地所占比例较低，其核算结果也会受各地统计部门土地估价师的主观判断影响，因此本书不再对此类土地的价值核算进行详细介绍。

二、无相似市场交易案例的土地

政府资产中有些土地类型并没有相似的市场交易案例，土地多由国家或各地政府划拨所得，其功能也往往是为了国家或城市的整体发展而设定，如交通运输用地中的铁路用地和公路用地以及公共管理与公共服务用地中的公园用地和特殊用地中的风景名胜设施用地。该类土地没有市场交易的相似案例，无法使用市场比较法，无法通过间接方法求得其价值，因此只能从待估土地的特征出发，通过相关数据来估算其价值。就土地自身而言，衡量其价值的方法有两个角度，一个是从土地获取的各类成本出发进行估算，另一个是从土地投入使用后可能带来的收益出发进行估算。所以，对该类土地的价值估算可以使用成本逼近法与收益还原法进行。

（一）成本逼近法

无论是铁路用地还是公路用地，其修建均不可避免地涉及土地的征收与拆迁补偿，还要花费为保证铁路或公路可以正常修建的其他费用以及相应的税费支出等。所有这些花费均是为了使该类土地可以实现其作为铁路用地或公路用地的使用价值，都是该类土地获取成本的一部分。这些花费又根据每年的利率以及花费的时期不同而进行调整，以获得该类土地在核算当期的价值。成本逼近法从土地获取的各项成本出发进行土地价值核算，可以较为真实地反映土地获取的当期价值，但并不能反映土地因其所能提供的交通运输等功能所带来的土地升值或土地潜在收益价值，因此还可以从该类土地的未来收益能力来估算其价值。

（二）收益还原法

铁路用地或收费公路用地在提供交通服务的同时，可以使其管理部门获取一定的收益，该类土地的收益或潜在收益价值可以在一定程度上反映该土地的价值。根据铁路用地或公路用地的预期使用年限，通过核算一定时期内该类土地管理单位的营收和支出，核算其纯收益，结合相应的投资收益与利息，通过对未来预期收益的贴现来核算土地的当期价值。收益还原法可以反映该类土地的未来收益价值，但无论是铁路用地还是公路用地，其未来收益核算涉及对交通运输量和收费标准变化以及各项支出的变化预测，因此通过该方法核算土地价值具有一定的难度，所需要的数据较为复杂。对于收费的公园用地，可以根据收支计算其收益；对于开放式的公园用地，则可通过游客的支付意愿调查来估算其潜在的收益能力，进而使用收益还原法核算其土地价值。

成本逼近法与收益还原法各有利弊，因此在对铁路或收费公路用地进行价值核算时可以同时使用两种方法，对比两种方法在具体实践中的差别。本书将以收费公路用地为例，在后文详细阐述成本逼近法与收益还原法的原理以及其在该类土地价值核算中存在的问题及适用性，以期对该类土地价值的核算提供参考方案。

三、多功能综合类型土地

政府资产中部分土地并非单一的行政功能用地，而是多功能的综合体，如各级政府的市民服务中心，集公共服务行政功能、商务办公功能与商业服务功能于一体；如交通运输用地中的机场用地，可分为航空用地（跑道、停机区）、公共设施用地、商务用地、物流用地、未来规划用地，其航站楼集商务办公与商业服务功能于一体，飞机跑道及停机坪为运输功能，货物仓储物流中心又具有仓储物流功能。因此，对于该类土地的价值核算要根据其具体情况进行具体分析，根据土地功能的不同设定不同的核算方法或修正参数，以保证核算结果更符合实际。

对于市民服务中心，因为该类土地大多数处于城市中心区域，因此可以使用市场比较法进行核算，在核算过程要顾及土地的综合功能，根据各案例的具体情况进行修正核算。对于机场用地，其使用功能虽然复杂，但各类功能所占用土地并不重合，即每一部分的土地功能均是单一的，因此可以根据具体情况将机场用地进行拆分核算；对于商务办公功能的部分采用其他商务办公用地价值进行替代修正，对于仓储用地则可根据其成本或收益能力进行估算，对于交通运输部分的土地则可以根据其建设成本采用成本逼近法进行核算。机场中的未来规划用地开发前可根据机场整体平均地价估算，开发规划确定后可根据实际情况采用剩余法进行价值核算，最后对各类土地进行核算时期因素修正，加总获得机场的土地价值。港口码头用地与机场用地情况类似，可采用相似的方法进行价值核算。

鉴于目前机场土地的相关数据以及机场相关收支数据的保密性，本书不再针对机场用地和港口码头用地的核算方法进行实际案例分析，仅进行土地特征和基本核算方法的分析。后文将对市民服务中心类型的综合行政用地的价值核算方法进行详细分析，并使用具体案例探索各种方法在该类型土地价值核算中的适用性。

第四节　目前开展非市场交易土地价值核算的难点

通过前文分析可知，通过市场交易渠道获得的土地，具有交易当期的市场价值，无论通过哪种市场交易渠道获得，其价值核算均相对容易，需要考虑的修正因素较少，大多数情况下只需对核算时期因素进行修正即可。非市场交易获得的土地并没有市场交易价格可供参考，而政府资产中以非市场交易渠道获得的土地为主，因此研究这类非市场交易土地的价值核算方法将是政府资产中土地资源核算的重点和难点。整体而言，非市场交易土地价值核算的难点主要集中在土地类型复杂多样、土地价值影响因素复杂、土地价值影响因素量化困难、受地方政府政策的影响四个方面。

一、土地类型复杂多样

由前文分析可知，政府资产中通过非市场交易的土地包括大部分公共管理与公共服务用地，如机关团体用地、公园用地、医疗卫生用地、教育用地等，也包含大部分交通运输用地，如公路用地、铁路用地、机场用地，港口码头用地等。各类土地的特征差别较大，机关团体用地等公共管理与公共服务用地大多在城市内，为区块形状，以政府划拨为主，其土地功能复杂，如目前很多机关团体用地都兼具科研功能，也有部分公共服务用地兼具商业服务功能，因此对这类土地价值的核算要考虑到土地功能的变化所造成的土地价值的变化。

交通运输用地中，公路用地和铁路用地形状不同于其他用地的区块形状土地，铁路或公路用地往往横穿多个县市，各路段所属区域地理、经济与环境等因素差别较大，不同路段的车流量、道路质量也存在较大差别。公路用地或铁路用地跨度长，土地往往通过政府划拨和征收获得，土地获取成本涉及不同地域的征收拆迁补偿，各路段存在较大差别。因此对公路用地或铁路用地的价值进行核算时应从其主要使用功能出发，借助成本或收益估算土地价值。而机场用地和港口码头用地等类型土地兼具多种功能，根据土地征收成本并不能完全反映土地价值，需对功能进行详细划分，核算其土地价值存在较大难度。

相比于市场交易渠道获得的土地，政府资产中非市场交易的土地类型复杂、土地功能和获取渠道多样、形状各异，价值核算既要体现基本土地功能，又要反映社会经济价值。因此，需要对各类型土地的特征进行详细分析，选择适用于该类土地的核算方法才能真正反映土地市场价值。

二、土地价值影响因素复杂

通过前文分析可知，土地是一个集自然、历史、经济与环境于一体的综合体，因此土地的价值也受各种复杂因素的综合影响。影响土地价值的因素主要分为两类，一类是土地的内在因素，包括土地的面积、形状、使用年限等因素，另一类是外在影响因素，包括土地的地理位置、所在区域的人口、经济、安全、医疗和教育、环境等诸多因素。每一块的土地影响因素都存在差异，因此在核算这类没有市场交易价值的土地价值时需考虑待估土地的各类影响因素，选择合适的方法估算土地价值。

（一）内在影响因素

（1）土地面积。土地面积决定了土地可以进行开发利用的类型与程度，也影响着土地上建筑物的建筑条件，因此会对土地价值产生较大影响。

（2）土地形状。土地形状将会影响土地的利用条件，不同的形状适用于不同的建筑类型，一般情况下区块形状更利于各类建筑物的建设。

（3）土地基本设施。指土地在通水、通电、供气、供暖等方面的基础设施因素。这些因素会影响土地的使用类型和城镇土地的分等定级，最终都将影响土地的价值。

（4）土地使用期限。不同类型的土地使用期限不同，不同的使用期限也决定了土地所有制和土地使用者的收益，因此土地的使用期限将会影响土地的价值。

（5）容积率。政府国土部门对土地类型和土地容积率的规划在很大程度上影响着土地的价值，根据不同的土地类型规划，相关部门需考虑土地的功能，因此各区块土地的容积率也将存在较大差别。一般情况下，容积率越大土地价值越高，容积率越小土地价值越低。

（二）外在影响因素

土地价值的外在影响因素更为复杂，主要有以下几个方面。

（1）土地位置。土地位置将影响土地在规划中的使用类型划分，如工业用地一般会被规划到人口稀少的非主要生活区，而商业用地等往往规划到城市中心和人口密集区。不同位置的基准地价也存在较大区别。

（2）人口因素。人口密度和人口素质以及人口构成的变化都将影响所在区域的经济发展与生产生活习惯的改变，也会影响土地类型选择以及土地功能的利用程度，进而影响土地的价值。

（3）经济因素。土地所在区域的经济发展水平是影响土地价值的重要因素之一，经济发展水平在一定程度上决定了所在区域的消费水平和购买力，一般情况下经济越发达的地区土地价格越高，无论是住宅用地、工业用地还是商业用地，其价值都在很大程度上受经济发展的影响。

（4）安全因素。安全因素只是所在区域的安全问题，这类因素将主要影响商业用地和住宅用地的价值。

（5）医疗和教育因素。医疗和教育因素是影响住宅用地价值的主要因素，在教育水平越高、医疗条件越好的地区，土地价格越高。

（6）环境因素。环境因素已经成为影响土地价值尤其是住宅用地价值的重要因素之一，待估土地附近的绿化条件、是否有距离较近的绿地公园、所在地区的环保投入等诸多因素都将影响待估土地的价值。

三、影响因素量化困难

在上述各类影响土地价值的内在因素和外在因素中，有一些影响因素的量化相对容易，如土地的面积、使用期限、土地所在区域的经济因素、人口因素等。但另一些影响因素的量化则较为困难，如土地的使用类型、土地的位置、土地所在区域的安全、教育与医疗等因素。不同的估价者往往采取不同的量化方法，如土地的位置因素，有的估价者以土地距离市中心或县中心标志建筑的距离来衡量，有的采用距离市或县政府的距离来衡量；有的估价者则以土地距离城市商业圈的距离衡量；对于安全因素，有的估价者使用所在区域的年均案发数量来衡量，有的则使用所在区域距离公安局或派出所的距离来衡量；对于教育和医疗等因素，可以采用距离三甲医院或重点中小学的距离来衡量，但是对于这些医院或学校的选择也存在一定的主观因素影响。而要合理计算待估土地的价值，就必须量化这些土地价值的影响因素，而这些因素的量化将是土地价值核算中的难点，也是非常值得分析和研究的问题。

四、地方政府政策的影响

土地的开发、审批等各方面都会受到政府相关政策的影响，这些政策也会对土地价值产生影响。影响土地价值核算的政策主要包括各地方政府的土地政策、房地产调控政策以及信贷政策三个方面。

（一）土地政策

各地区根据自身发展需求和财务状况往往会制定不同的土地政策，是收紧土地供应还是大力推动土地开发将会对土地市场的供求关系和土地价格产生一定影响。同样，各地区根据经济发展或就业等需求，是以工业发展为主还是以服务业发展为主也将在一定程度上影响不同类型土地的供给，进而对土地价格产生影响。因此，在对政府资产中的土地资源进行估价时，要根据各地区的土地政策分析其供求关系，合理评估土地价值。

（二）房地产调控政策

无论是政府资产中的公共管理与公共服务用地还是商业服务用地，其土地价值都在很大程度上取决于整个城市房地产市场的发展情况，土地价值也会受土地上建筑物价值变化的影响。因此，不同地区房地产调控政策会对土地价值产生影响，在具体土地价值核算时应在宏观分析的基础上考虑各地区的房地产调控政策。

（三）信贷政策

对于政府资产中非市场交易的土地，其土地使用者在获取土地所有权时大多数不可避免地都涉及与银行或其他金融机构之间的债务关系，因此不同地区的信贷政策将会在一定程度上影响土地获取的成本以及土地开发利用的成本，而这一影响会以土地价格的变化表现出来。因此，在进行土地价值核算时，若信贷政策发生变化，需要针对具体情况对贷款利息、贴现率等因素及时调整，对土地最终价值进行调整修正。

通过上述分析可知，通过非市场交易渠道获得的土地的价值核算才是政府资产负债核算中的难点，也是土地资源价值核算中的难点。而针对通过市场交易获得的土地，因为有市场交易价值作为参考，其核算期价值估算相对简单，也易于统计部门人员操作。基于此，后文将以非市场交易获得的土地价值核算作为研究的重点，不再对市场交易渠道的土地价值核算方法做具体分析。

第五章
非市场交易土地中综合
行政用地价值核算

根据前文的分析，本书将对公共管理与公共服务用地中的综合行政用地与公园用地进行核算，公共管理与公共服务用地既是政府资产的重要组成部分，又是自然资源中土地资源的重要组成部分，因此，无论是完成政府资产负债表还是完成自然资源资产负债表的编制，公共管理与公共服务用地将是核算过程中的重点和难点。本章将以某服务机构为例，采用基准地价修正法、市场比较法、影响因素建模法对价值修正区间进行估算，探讨可能存在的问题及争议之处，通过多种方法比较综合行政用地价值及价值修正区间核算的差异与适用性。

第一节　综合行政用地价值核算标准

一、公共管理与公共服务用地分类

根据国土资源部 2007 年颁布的《土地利用现状分类》，公共管理与公共服务用地包括机关团体用地、新闻出版用地、科教用地、医卫慈善用地、文体娱乐用地、公共设施用地、公园与绿地、风景名胜设施用地 8 类。机关团体用地指党政机关、社会团体、群众自治组织等用地；新闻出版用地指用于广播电台、电视台、出版社等用地；科教用地指用于各类教育、独立的科研、设计、科普等用地；医卫慈善用地指用于理疗保健、卫生防疫、急救康复、福利救助等用地；文体娱乐用地指用于各类文化、体育、娱乐及公共广场等用地；公共设施用地主要指用于城乡基础设施建设的用地；公园与绿地指城镇、村庄内部的公园、动物园等用地；风景名胜用地指名胜古迹、旅游景点、革命遗址等用地。《城市用地分类与规划建设用地标准》将公共管理与公共服务用地分为行政办公用地、文化设施用地、教育科研用地、体育用地、医疗卫生用地、社会福利设施用地、文物古迹用地、外事用地、宗教设施用地9类。该分类方法与《土地利用现状分类》相似，其中外事用地指外国驻华使馆、领事馆、国际机构及其生活设施等用地，并非每个城市都有外事用地；宗教设施用地指宗教活动场所用地。而根据2017年颁布的《土地利用现状分类》，将公共管理与公共服务用地分为机关团体用地、新闻出版用地、教育用地、科研用地、医疗卫生用地、社会福利用地、文化设施用地、体育用地、公用设施用地、公园与绿地10类，风景名胜用地不再属于公共管理与公共服务用地，而属于特殊用地。

上述几种对公共管理与公共服务用地的分类方式相似，无论按哪种分类方式，都不能将全部类型的公共管理与公共服务用地纳入政府资产中。根据我国法律规定，城镇土地归国家所有，所以公共管理与公共服务用地的所有权均归国家所有，而使用权归政府部门或企业部门所有。因此，需根据使用权归属确认纳入政府资产中的公共管理与公共服务用地的类型。使用权归企业所有的科教、文体娱乐、医卫用地均不纳入政府资产核算中，外事用地等使用权不归政府所有的土地也不纳入政府资产核算中。目前机关团体用地等土地往往兼具文化服务或科研服务功能，是行政综合服务用地，其价值核算方法适用于大部分公共管理与公共服务用地，本章将分析综合行政用地的价值核算方法。对于公园用地等可产生收益或具有潜在收益能力的土地，其归属问题需根据实际情况讨论，价值核算方法也区别于其他非营利的公共服务用地，本章暂不讨论。

二、价值核算标准

土地价值的核算方法有多种，而综合行政用地大多是由政府划拨或协议转让获得，并非通过市场交易获得，很难从核算结果上对各类方法的适用性进行判断。因此，应当基于政府资产负债核算的目的与土地价值核算的基本理论，从各种估价方法的原理、过程以及待估土地的特征综合判断各种方法的适用性。本书认为综合行政用地价值的核算方法应符合以下标准。

（1）符合国家相关标准与规程。土地估价是为了加快形成统一开放的市场体系，保证土地权利的实现，是推动国家土地管理制度改革的重要步骤，因此各种土地价值估算方法应符合《城镇土地估价规程》《城镇土地分等定级规程》等标准，这是不同地区土地估价结果具有全国可比性的基本前提。

（2）符合 SNA 中核算时间的基本标准。SNA 对资产负债表的记录时间提出了明确标准，发生交易的按权责发生制记录，未发生交易的在资产负债表核算当期按当期价格记录，有价格变化的需进行重估价核算。土地价值随着我国经济的发展而变化，行政综合服务用地的价值也随服务功能和城市土地整体价值而变化，因此估价方法必须具有时效性，才能反映核算当期的土地价值。

（3）符合待估土地特征。现代西方经济学认为，随着经济社会的发展，土地已不单纯是土地本身，而是自然物质与经济历史相融合的综合体，其价值在很大程度上受土地功能的影响。综合行政用地以提供公共服务为主，在地理位置选择、容积率设定等方面均与住宅用地、商服用地等存在区别，因此价值核算方法需能够反映土地功能特征。

（4）符合各地方政府土地政策。综合行政用地是为了满足政府公共管理与服务的需求。随着城市规划和政府政策的改变，该类土地可能发生服务功能或使用类型的转变，因此估价时应考虑政府土地政策可能产生的影响。

（5）符合各地方政府实际操作需求。核算综合行政用地价值的目的是完善政府资产负债核算体系，估价方法应具有可行性并方便操作，易于各基层统计部门使用，以便完成全国各地区政府资产中土地资源的价值核算。

第二节　当期价值核算方法

综合行政用地因其使用功能的特殊性，在政府未面临债务危机时，用途一般不会发生转变，多数综合行政用地由政府直接审批，少数用地则需要征收农用地后转为建设用地。综合行政用地因其非商业性，价值一般难以通过市场化土地价值核算方法进行核算。基于政府资产负债核算的视角，综合行政用地价值的核算应核算待估土地的当期价值，若期初核算，则计入政府资产负债核算表中的期初资产价值项；若期末核算，则计入政府资产负债核算表中的期末资产价值项。记账原则为权责发生制，价格采用当期市场价格。本书选择基准地价修正法、市场比较法、影响因素建模法三种方法进行核算基准地价修正法是根据各地区国土部门公布的基准地价进行修正，可反映政府部门对土地价格的基本设定；市场比较法充分考虑市场因素，反映周边各类土地市场价值对待估土地价值的影响；影响因素建模法则充分考虑了人口、经济等诸多因素，对影响土地价值的因素考虑更为全面。

一、基准地价修正法

基准地价是指政府对城镇土地或均质地域及其商业、住宅、工业等土地利用类型分别评估的土地使用权平均价格，是各种用途土地使用权区域平均价格，对应的使用年限为各用途土地的法定最高出让年限。基准地价的表现形式有级别价、区片价和路线价三种。基准地价由政府组织或委托土地评估机构评估，评估结果经市、县人民政府认可并报上级人民政府批准后，由市、县人民政府公布。

某市人民政府公布了六个基准定价表与基准定价图，包括商业用地、商务办公用地、住宅用地、工业用地等。不同用途土地设定容积率不同，等级划分也不同，其中商业用地共分 12 个等级，商务办公用地分 9 个等级，住宅用地分 10 个等级，工业用地分 8 个等级，等级 1 至等级 12 基准地价依次递减。商业用地、商务办公用地、住宅用地开发程度要求为"六通一平"，工业用地开发程度为"五通一平"[①]。

因为该市并未公布公共管理和服务用地的基准地价图及基准地价表，而目前多数公共管理与公共服务机构都是综合机构，将其视为商业用地和商务办公用地均有一定道理，可根据各地区国土资源局所公布的基准地价查询待估的综合行政用地所在区片作为商业用地以及商务办公用地的基准地价，得到待估土地的基准地价范围。假设待估的综合行政用地的基准地价由商业基准地价和商务办公基准地价加权所得，则其基准地价 P 的表达式如式（5-1）所示。

$$P = \theta P_1 + (1-\theta)P_2 \quad (0 < \theta < 1) \tag{5-1}$$

其中，P_1 为待估土地所在区片商业用地基准地价，P_2 为待估土地所在区片商务办公用地基准地价。因为土地价格的迅速变化以及政府公布基准地价的滞后性，需要对基准地价进行评估时期因素修正，若修正系数为 K，则 K 的表达式如式（5-2）所示。

$$K = P_j/P_i \tag{5-2}$$

其中，P_j 为土地待估价年期的平均地价，P_i 为土地基准地价评估年期平均地价。根据基准地价法求得待估综合行政用地的价值 W 的表达式如式（5-3）所示。

---

① "六通一平"指宗地外通路、通电、通信、通上水、通下水、通燃气及宗地内平整。"五通一平"指宗地外通路、通电、通信、通上水、通下水及宗地内平整。

$$W = P \times K \times S_{\text{建筑}} \qquad\qquad (5-3)$$

其中，$S_{\text{建筑}}$ 为待估土地的建筑面积。

二、市场比较法

市场比较法（market comparison approach）是适用范围最广也是相对容易实现的一种土地价值估计方法，其采用替代原理，根据与待估土地类似土地类型的市场交易价格估计待估土地价格。由于其比较案例是已经被市场验证后的价格，因此通过具有市场交易价格的土地来核算待估土地价格是一种最直接的方法，结果也是最容易被人们理解和接受的。但市场比较法受多种因素影响，因为待估土地与实例土地的交易情况、交易时期、区域因素、个别因素、使用年期等条件均不相同，因此还需要在这几方面进行调整。在选取比较案例时，应保证比较案例与待估案例具有较大的相关性和可替代性，如在位置、用途、交易时间上需要有一定的可比性，若土地位置相差较远，周围环境设施差别较大，即使进行位置因素的调整，也会导致误差较大。市场比较法还要保证比较案例相关资料的准确与详细，如此才可以更为精确地核算各类修正系数。同时，在调整相关因素时也要保证符合我国的法律法规，如对土地用途、容积率等因素的限制规定，对于待估土地的容积率和土地可能的使用类型应符合我国有关的法律和不同城市的具体规划方案。

市场比较法评估土地价格的公式如式（5-4）至式（5-6）所示。

$$P_i = P_{ei} \times A \times B \times C \times D \times E \qquad\qquad (5-4)$$

$$W_i = P_i \times S_{\text{土地}} \qquad\qquad (5-5)$$

$$\overline{W} = \sum_{i=1}^{n} W_i \Big/ n \qquad\qquad (5-6)$$

其中，P_i 为根据实例土地 i 核算的待估土地单位价格，$S_{\text{土地}}$ 为占地面积，P_{ei} 为实例土地 i 的单位价格，W_i 为根据实例土地 i 核算的待估土地价值，$\overline{W}$ 为市场比较法待估土地价值，A 为交易情况修正系数，B 为交易时期地价修正系数，C 为区域因素修正系数，D 为个别因素修正系数，E 为使用期限修正系数。

交易情况修正是为了排除交易中一些特殊因素造成的价格偏差，《城镇土地估价规程》共列出 9 种特殊情况，如是否为存在利害关系人之间的交易、是否基于出售或购买等。在一般情形下不存在特殊因素，A 一般取值为 1。

交易时期修正是为了修正不同时期土地价格变化的影响，被估土地交易时价格与现价不同，本书假定不同时期土地价格变化幅度与房产变化幅度相同，则交易时期修正系数 B 的表达式如式（5-7）所示。

$$B = \frac{P_t^l}{P_0^l} = \frac{P_t^h}{P_0^h} \qquad (5-7)$$

其中，P_t^l 为估价期实例土地价格，P_0^l 为交易期实例土地价格，P_t^h 为估价期实例土地上建筑物价格，P_0^h 为交易期实例土地上建筑物价格。

区域因素修正系数包括商服繁华程度、产业集聚程度、交通条件、区域环境条件等因素，具体的影响因素则需要根据具体情况进行分析，若待估土地与实例土地位置接近，则其区域因素基本可以忽略。

个别因素修正系数的主要影响因子包括土地位置、面积、形状、临街状况、基础设施状况、容积率等。个别影响因素较为复杂，需根据实例具体分析。

使用年期修正系数是为了消除待估土地与实例土地因使用年期不同而给地价带来的影响，年期修正系数 E 的表达式如式（5-8）所示。

$$E = \frac{1 - 1/(1+r)^m}{1 - 1/(1+r)^n} \qquad (5-8)$$

其中，r 为土地还原率，m 为待估土地使用年期，n 为比较实例土地使用年期。

市场比较法估计土地价格时所选的实例土地使用类型最好与待估土地相同，但公共管理与公共服务用地大多为政府划拨所得，并没有市场交易价格，因此，对其进行市场比较法估价时可以根据实际情况分别选择待估土地附近的商业用地、商务办公用地、住宅用地、工业用地等多类型土地，取得该待估公共管理与公共服务用地的价格区间。选择待估宗地附近的土地有利于各修正系数的计算，相近区域的土地有较多的相同之处，在计算修正系数时可以忽略这些相同因素，减少土地估计的误差。

三、影响因素建模法

影响因素建模法即通过分析影响土地价格的众多因素，通过大量已知土地价值的案例分析建立模型，通过参数估计确定不同因素对土地价值的影响程度，将待估土地影响因素的相关数据代入模型，估算待估土地价值的方法。该法与市场比较法的最大区别在于市场比较法将影响土地的区位因素、个体因素等做等权处理，而影响因素建模法则区分不同因素对土地价值影响力的大小。

影响因素如交通情况、附近的教育及医疗情况等难以量化，借用多伦·拉维（Doron Lavee，2015）的方法，使用人口密度代替这些指标，教育、交通、医疗、商业等条件越好，则办公或居住条件越好，人口也越容易集聚。因此，使用人口密度作为这些因素的替代变量具有一定的可行性。同时考虑土地容积率、使用期限、使用类型、经济状况等因素，最终建立土地价格模型如式（5-9）所示。

$$\ln(P) = \beta_0 + \beta_1 \ln(density) + \sum \beta_i X_i + \varepsilon \qquad (5-9)$$

其中，P 为土地成交价格，$density$ 为对应地区人口密度，X_i 为容积率、使用期限、类型等诸多因素。为使得模型可分析未来不同地区人口密度变化率对土地价格变化的影响，本书对人口密度变量和土地价格变量做对数处理，建立弹性回归方程，由于各城市人口密度变化往往是人们关注的重点，该方程在完成参数估计后，可根据未来人口密度变化率预测土地价格变化。

影响因素建模法是最为全面的方法，其核算的精确程度受各种数据详细程度的影响，但也要考虑各类影响因素之间的内在联系可能造成的多重共线性问题，结合数据的可获得性和各类因素对土地价格的影响程度合理选择影响变量。具体操作时，可根据已有土地交易实例的各指标数据，估计式（5-9）中的各参数，将待估的综合行政用地的相关指标代入式（5-9）中，求得待估土地单位价格，核算其价值 W。

第三节　价值修正区间估计方法

一、价值修正的原因

综合行政用地使用类型未发生改变时，可估算其具体价值。而综合行政用地使用类型发生改变时，其价值很大程度上取决于未来政府面对债务危机时处理该土地的方式，政府可以根据周边环境及债务状况，在维持自身行政服务功能的前提下将其转让，此时可以根据政府可能的处理方式，估算出其价值区间作为当期价值核算的参考依据。政府资产负债核算是基于权责发生制的，因此土地类型发生变化时的价值区间并不纳入资产负债核算中，只有当政府未来面临债务危机致使其所有权、使用权或发展权等发生转变时，其价值才纳入当期政府资产负债表中。当期价值取决于政府处理该土地时其使用类型、政府审批的容积率等诸多因素。在此之前,估算综合行政用地价值区间除作为当期价值的核算参考外,更有利于政府从长远角度把握负债程度,在面临债务危机时选择合理的方式进行处理。

对于政府部门而言,核算综合行政用地的价值对厘清政府总资产具有重要作用,但从政府的偿债角度出发,政府未来面临债务危机时可出让综合行政用地以获得资金用来偿还债务,此时综合行政用地则可能转换为工业、商业或住宅用地等类型,仍按公共管理与公共服务用地核算其价值存在不完善之处。因资产负债核算的记账原则为权责发生制,核算综合行政用地的土地类型发生转换后的价值区间并不计入当期政府资产负债表中,但可以供政府部门判断未来出让土地时该土地的可能价值区间,以此作为核算当期价值的修正依据,并可预测政府未来的偿债能力,以便各级政府合理调整资产负债状况。

二、价值修正的方法

(一) 基准地价修正法

若政府面临债务危机,对综合行政用地进行转让时,其也可能转换为住宅用地、工业用地、商业用地或商务服务用地。此时,按基准地价法,其价值 P 的表达式如式 (5-10) 所示。

$$P = \begin{cases} P_1 & \text{转换为商业用地} \\ P_2 & \text{转换为商务服务用地} \\ P_3 & \text{转换为住宅用地} \\ P_4 & \text{转换为工业用地} \end{cases} \quad (5-10)$$

其中 P_1 为待估土地所在区片商业用地基准地价,P_2 为待估土地所在区片商务服务用地基准地价,P_3 为待估土地所在区片住宅用地基准地价,P_4 为待估土地所在区片工业用地基准地价。采用基准地价修正法,其土地价值按式 (5-2)、式 (5-3) 核算,根据不同转换类型,确定其价值修正区间。

(二) 市场比较法

政府在未来面临债务危机时可将土地转让,土地类型可能转变为其附近土地的类型,因此在估计政府资产中综合行政用地价值修正区间时,不再考虑容积率与使用期限等因素,这两个因素可根据转让后的土地类型来确定。但仍需考虑交易情况、交易时期、区位因素等因素。因此在估算其价值修正区间时,可采用式（5-4）、式（5-5）、式（5-7）、式（5-8）的方法算出根据不同比较实例的土地价值，但式（5-4）中不再包含 D、E 两个因素。

最终价值修正区间为 $[W_{\min}, W_{\max}]$，其中 $W_{\min}$ 为根据比较实例土地核算的待估土地的最小价值，$W_{\max}$ 为根据比较实例土地核算的待估土地的最大价值。

（三）影响因素建模法

估算综合行政用地在土地类型发生转变时的价值修正区间仍可采用影响因素建模法。政府在面临债务危机时，可将土地转让为各种使用类型，对使用期限、容积率也可在法律范围内进行调节。因此，采用影响因素建模法更有利于政府结合民生、经济、自身债务等诸多因素确定具体合理的土地处理方式。

方法与估算土地价值相似，采用式（5-9）中的方法，根据已有数据估算影响土地价值的各因素的系数，最终确定待估土地的价值修正区间。

第四节 土地价值核算案例

本章将以某服务机构为例，通过基准地价法、市场比较法、影响因素建模法分析不同方法在对综合行政用地价值及土地类型发生转换时价值区间核算的适用性及优缺点，确定不同情形下合理的土地价值及价值修正区间的核算方法，为我国政府资产负债表编制中土地资源的核算问题提供借鉴，帮助各级政府及早完成政府资产负债中土地资源的核算。

一、基准地价修正法价值核算

土地的用途不同，基准定价也不同。根据相关条例与标准，某服务机构各类用地基准地价如表5-1所示。

表5-1 　　　　　　　　　某服务机构各类用地基准地价

土地类型	土地级别	区片基准地价（元/建筑平方米）
商业用地	5级	3009
商务办公用地	6级	1937

土地类型	土地级别	区片基准地价（元/建筑平方米）
住宅用地	5级	2741
工业用地	4级	716

为准确对比各种土地价值核算方法，本书将估价期确定为2016年12月，因每年通过挂牌和招标出让的土地的使用类型、容积率、地理位置等因素差别较大，通过成交土地的月平均价格或年平均价格变化并不能真实反映已成交土地的价格变化幅度。而新建商品房价格受政府政策等诸多因素影响，难以真实反映市场价格变化，因此本书以某市二手房房价平均增速作为土地价格增速进行估算，默认基准地价为2014年12月时的地价，求得修正系数K为1.5757。根据上述基准地价修正法，取值根据该机构商业服务与办公服务的比重进行判断，若办公服务比重较大则可取值（0，0.5）区间；若商业服务比重较大，则可取值（0.5，1）区间。该机构目前投入使用的为地下1层、1~5层及第7层，其中地下1层为照相馆、超市、餐厅等商业服务区与出入境预受理区，第1层为行政服务办公区，第2层为行政服务区与中介配套服务区，第3层为土地交易与拍卖区，第4层为办公区与工程交易开标区，第5层和第7层均为会议室与办公区，其中地下1层与第2层至第4层兼具商业服务与办公服务。整体而言，该机构商业服务区域约占三成，因此θ取值为0.3。最终求得该机构土地使用类型未发生变化时价值为43916万元，土地使用类型发生变化时其价值修正区间为（13920万元，48507万元）。

二、市场比较法价值核算

采用市场比较法，本书可以选取已开发用地为比较实例用地，也可以选取未开发但已交易用地为比较实例用地。若选取已开发用地，其对应房价等数据较多，可以得到较为全面的数据计算交易时期修正系数，但已开发用地往往土地出让时间较早，距离估价期时间较长，价格受诸多因素影响，修正因素往往难以准确核算，最终土地价值核算结果也可能难以真实反映土地当期价值。若采用未开发但已交易土地作为比较实例用地，可以选择近期的交易土地，该类土地使用类型与容积率等诸多因素在交易时已经确定，并且核算期与交易期时间间隔较短，价格变化可用实例用地附近相同类型的已开发土地价格代替，这样需要考虑的影响因素相对较少，最终的核算结果误差也会相对较小。

因该机构附近无工业用地，因此采用市场比较法时仅考虑住宅用地和商务服务用地两种情况。根据该机构所属地区公示的历年土地交易的结果（含挂牌出让、招标出让、协议出让），结合出让土地位置因素和出让成交日期因素，本书选择以下两片土地作为核算该机构土地价值的比较实例土地，具体如表5-2所示。

表5-2 比较实例土地基本情况

基本情况	比较实例1	比较实例2
土地位置	核算案例南侧	核算案例北侧
面积（公顷）	3.529557	0.925733
用途	其他普通商品住房用地	商务金融用地
土地级别	五级	五级
容积率下限	4.08	3.3
容积率上限	4.08	3.3
出让年限（年）	70	40
供地方式	挂牌出让	招标出让
成交价格（万元）	53117.05	11450
单位价格（元/平方米）	15049	12369

资料来源：某市国土资源和规划局官方网站。

根据以上分析，比较实例1与比较实例2中，交易修正系数 A_1、A_2 均取值为1。比较实例1中交易时期修正系数 B_1 以该机构附近三个住宅用地的房价平均变化来替代估算，所选择的三个住宅用地情况如表5-3所示。

表 5 - 3　　　　　　　　　交易日期修正系数替代案例

住宅名称	2016 年 2 月价格（元/平方米）	2016 年 12 月价格（元/平方米）	涨幅（%）
A 小区	8571	11285	31.66
B 小区	14725	21011	42.69
C 小区	9140	14651	60.30

资料来源：搜房网①。

根据以上数据求得比较实例 1 中交易时期修正系数 B_1 为 1.49。比较实例 2 中，因商服用地房价涨幅数据难以获得，因此使用该市平均房价增速代替，B_2 取值为 1.39。

因所选比较实例用地均在该机构附近，其商业繁华程度、附近医疗教育娱乐等方面因素均相同，在区域位置上，所选比较实例与该机构并没有显著区别。因此比较实例 1 和比较实例 2 中，区域因素修正系数 C_1、C_2 均取值为 1。

对于个别因素修正系数，考虑到位置、临街状况等因素均相似，因此主要考虑容积率的差别。结合其他学者的研究，公共管理与公共服务用地容积率设定为 1.5，则综合行政用地容积率也设为 1.5，求得比较实例 1 中个别因素修正系数 D_1 为 0.367，比较实例 2 中个别因素修正系数 D_2 为 0.454。

对于使用年期修正系数，土地还原率借用何伟②等学者的研究，结合我国最新的 5 年存款利率，r 取值为 4.75%，求得 E_1 为 0.938，E_2 为 1.069。

最终求得分别以上述比较实例 1 和比较实例 2 为比较实例土地的情况下，该机构的单位土地价格为 7709 元/平方米、8362 元/平方米，取二者均价作为该机构的土地单价，最终求得该机构土地使用类型未发生改变时其土地价值 W 为 79712 万元。

若未来政府面临债务危机，将该机构的土地转变为住宅用地、商业用地或商务服务用地，其价格则可采用附近相应土地价格进行替代，不改变容积率与使用期限，对交易时期因素的影响进行修正后，最终得到价格。根据本书所选案例，进行交易日期修正后，该机构土地价格转换为住宅用地和商服用地的价格分别为 22423 元/平方米和 20227 元/平方米。因此，采用市场比较法，可获得该机构的土地类型发生改变后的价值修正区间为（200651 万元，222436 万元）。

---

① http://www.fang.com/.

② 何伟. 土地估价理论与实践 [M]. 北京：科学出版社，2016.

三、影响因素建模法价值核算

（一）模型建立

本书以某服务机构为例，在模型建立与求解时选择以该市国土资源和规划局公布的 2016 年全年成交的 382 块土地为研究样本，其中成交方式有挂牌出让、招标出让、协议出让。因协议出让的土地价值受供需方债务关系等诸多因素影响，并不能真实反映所成交土地的市场价值，因此剔除协议出让的 47 块土地，最终研究样本量为 335。

因土地出让时间为 2016 年 1～12 月，全年该市房价及土地价格变化幅度较大，因此将所有成交价格按该市二手房平均房价对应增速调整至 2016 年 12 月（新房成交价受政策等多方面影响，难以真实反映市场价格变化）。

各成交土地所在地区人口密度以其所属城市的人口密度代替，根据相关统计年鉴公布的 2015 年人口密度及 2016 年统计公报公布的常住人口变化数据，估算 2016 年该市各地区人口密度。

按土地使用类型，2016 年成交土地共 15 个小类，本书将其整理为 4 大类，公共管理与公共服务用地包含公共设施用地、街巷用地、科教用地、文体娱乐用地、医疗慈善用地 5 种；住宅用地包括高档住宅用地、普通商品住宅用地、中低价位商品住宅用地 3 种；商服用地包括仓储用地、港口码头、批发零售用地、商务金融用地、住宿餐饮用地、其他商服用地 6 种；工业用地 1 种。

根据上述具体情况，建立土地价格影响模型如式（5-11）所示。

$$\ln(P) = \beta_0 + \beta_1 \ln(density) + \beta_2 plotratio + \beta_3 servicetime + \partial_1 house$$
$$+ \partial_2 commercial + \partial_3 industry + \gamma_1 economic_{1-4} + \gamma_2 economic_{11-13} + \varepsilon$$

$$(5-11)$$

其中 P 表示待估土地单位价格，$density$ 为人口密度，$plotratio$ 为容积率上限，$servicetime$ 为使用期限，$house$、$commercial$、$industry$ 为土地使用类型的虚拟变量，分别代表住宅用地、商业及商务服务用地、工业用地，参照变量为公共管理与公共服务用地，$economic_{1-4}$、$economic_{11-13}$ 为经济发展情况虚拟变量，分别代表经济排名前 4 位与后 3 位的地区，参照变量为经济排名第 5～10 名的地区。

数据来源于某市国土资源和规划局、搜房网。

（二）模型估计

根据 2016 年该市非协议出让成交的 335 例土地有关数据，按式（5 - 11）建立模型 1。因模型存在共线性问题，使用逐步回归方法剔除使用期限、经济因素$_{1-4}$、经济因素$_{11-13}$三个变量后建立模型 2 进行参数估计，具体估计结果见表 5 - 4。

表 5 - 4   土地价格影响因素模型估计结果

变量	模型 1		模型 2	
	系数	标准误差	系数	标准误差
常数项（constant）	5. 152 ***	(0.647)	4.010 ***	(0.352)
人口密度 [ln(density)]	0.333 ***	(0.050)	0.357 ***	(0.038)
容积率（Plotratio）	0.232 ***	(0.032)	0.242 ***	(0.032)
使用期限（Servicetime）	- 0.019	(0.010)		
住宅用地（House）	1. 834 ***	(0.338)	1.414 ***	(0.266)
商服用地（Commercial）	0.829 ***	(0.277)	0.952 ***	(0.266)
工业用地（Industry）	- 0.678 ***	(0.258)	- 0.691 ***	(0.259)
经济状况$_{1-4}$（Economic$_{1-4}$）	0.135	(0.164)		
经济状况$_{11-13}$（Economic$_{11-13}$）	- 0.129	(0.086)		
Adjust R^2	0.831		0.830	
F	203. 208		325.512	
P	0.000		0.000	

注：*** 代表在 0.01 的显著性水平下显著。

由模型 1 结果可知，使用期限对土地价格的影响并不显著，主要原因是使用期限往往由土地使用类型决定，如住宅用地使用期限一般为 70 年，商业服务用地为 40 年，该变量与使用类型变量存在共线性。经济状况$_{1-4}$与经济状况$_{11-13}$均不显著，这是因为人口密度在一定程度上也反映了经济发展水平，二者也可能存在共线性。由模型 2 可知，人口密度与土地容积率对土地价格存在显著的正向影响，相比于公共管理与公共服务用地，使用类型为住宅用地和商服用地的土地价格较高，而使用类型为工业用地的土地价格较低。

（三）结果分析

某服务机构 2016 年人口密度为 12065 人/平方公里，容积率按 1.5 计算，其作为公共管理与公共服务用地，使用类型虚拟变量 *house*、*commercial*、*industry* 均取值为 0，最终求得该机构土地的价格为 2271 元/平方米，土地价值为 22538 万元。

若政府面临债务危机，将该机构土地出让为住宅用地、商务用地或工业用地等，根据上述模型，当出让为工业用地且容积率设定为 1 时，该块土地价值最低，为 10736 万元；当出让为住宅用地且容积率设定为 2016 年所有出让土地中的最高容积率 9.21 时，该土地价值最高为 657821 万元。因此，该机构土地类型发生改变时其土地价值修正区间为（10736 万元，657821 万元），若政府出让土地时设定土地容积率更高，则其最终价值也会更高。

四、三种核算方法的对比

针对综合行政用地的核算，本书采用基准地价修正法、市场比较法和影响因素建模法三种方法。通过基准地价修正法求得某服务机构用地价值为 43916 万元，修正区间为（13920 万元，48507 万元）；通过市场比较法求得该土地价值为 79712 万元，修正区间为（200651 万元，222436 万元）；通过影响因素建模法求得该土地价值为 22538 万元，修正区间为（10736 万元，657821 万元）。三种方法核算结果差别较大，这是因为三种方法基于不同的基础和目的，具体核算过程中所涉及的土地价值影响因素也不相同，部分参数受土地价值核算人员主观判断的影响。

基准地价修正法是最基础的方法，是基于政府相关部门公布的各地区的基准地价对待估土地进行修正后得到土地价值。该方法的结果主要由各地政府国土部门给出的基准地价和待估土地的使用类型决定。而政府给出的基准地价往往是大范围区片式的，同一地价的土地范围较广，因此难以具体反映不同土地位置之间的差异，同时政府部门公布的基准地价往往具有滞后性，不能及时反映土地的价格变化。但因为是政府国土部门发布的数据，具有一定的权威性，是各类土地商业交易的参考标准之一，因此采用该方法核算的综合行政用地价值也可以作为土地价值核算的主要参考标准之一。

市场比较法是基于替代理论，以其他各方面因素相似或相近的土地代替待估土地的价值。其最大的优点是可以及时反映土地的市场价值变化，时效性高，核算结果往往能相对真实地反映待估土地的市场价值。但该方法的核算结果也往往因所选案例的不同而产生差别，同时因所选案例土地的使用类型、容积率、地理位置、使用期限等诸多因素与待估土地不同，因此需要对多种因素进行修正，而修正的因素越多，核算的土地价值就会与实际市场价值误差越大。虽然该方法存在一定缺点，但仍是目前最易被各方接受的土地价值核算方法，对于综合行政用地的当期价值核算也可以采用该方法。

影响因素建模法是从影响土地价值的因素出发，通过大量已交易土地的价格以及各类土地特征建立模型，确定影响土地价格的主要因素，根据待估土地的主要特征核算土地价值。该方法最大的特点是综合考虑了多种土地价值的影响因素，使用了大量的交易数据，估计结果更具有普遍适用性；缺点是部分土地价值的数据难以获得，如人口密度难以精确到街道或小区，使得某些影响因素不够具有代表性，但因其核算方案灵活，比较适合土地价值的预测。

第六章

非市场交易土地中公园用地价值核算

公园用地与其他公共管理与公共服务用地最大的区别是该类土地所有者或管理者可以据此获得收益或该类土地具有潜在收益能力。因此，对于该类土地的价值核算除了可以用基准地价修正法、市场比较法、影响因素建模法外，还可以通过支付意愿调查来估算其收益或潜在收益能力，进而确定土地价值。本章将主要介绍条件价值法在公园用地价值核算中的应用，并以某市的城市公园为例，对比分析该方法与其他方法的优缺点。

第一节　公园用地价值核算方法

一、公园用地的特征

我国的公园可以分为综合公园、专类公园和花园三类，综合公园有市级公园、区级公园和居住区级公园；专类公园有动物园、植物园、儿童公园、文化公园、体育公园、交通公园等；花园有综合性花园、专类花园如牡丹园、兰花园等。目前我国大部分综合公园是免费开放的，而部分专类公园和花园则采取收费模式。

本书第四章对公共管理与公共服务用地中的综合行政用地进行了价值核算，但未对公园用地这一类型的公共管理与公共服务用地价值核算进行讨论。目前，我国综合公园用地大多数以免费开放模式为主，会对公园内部分区域或娱乐设施实施收费模式，部分动物园、植物园等专类公园因其管理维护成本较高，仍以收费模式为主。公园用地不同于各类行政单位用地之处在于政府在面临债务危机时可以根据实际债务情况对公园实行不同模式的收费，也就是说公园用地具有潜在的收益能力，政府在面临债务危机时除了转让公园用地外还可以通过收费来缓解债务危机，同时继续维持公园提供休憩娱乐这一公共服务的功能，基于政府资产负债的视角，为公园用地价值核算提供新的思路。

二、我国城市公园发展现状

据中商产业研究院[①]统计，截止到 2016 年，全国城市公园数量排名前五的省份依次是广东、浙江、江苏、山东和云南，分别是 3512 个、1171 个、942个、828 个和 683 个。其中，广东省的公园面积达到 65318 公顷，占全国公园面积的比重超过 17%，公园绿地面积达到 89591 公顷，占全国公园绿地面积的比重约为 14%。就具体城市而言，公园数量最多的城市是东莞，公园数量达到 1223 个，占地面积 14493 公顷，约占东莞市面积的 5.87%。由此可见，随着城市的经济发展和居民对生活质量要求的提高，我国城市公园数量不断增加，各类公园所占土地面积也不断增加，公园用地已占据城市土地面积较大的比例，是不可忽略的重要组成部分。

三、四种公园用地价值核算方法

与第五章综合行政用地价值核算方法相似，公园用地价值核算也可以采用基准地价修正法、市场比较法、影响因素建模法，基于公园提供的娱乐休憩服务，公园用地价值核算还可以采用条件价值法，通过调查游客的支付意愿核算公园的土地价值。

（一）基准地价修正法

通过查找待估公园用地所在位置的基准地价，通过核算期修正，获得其基准地价。该方法核算公园用地与核算其他公共管理与公共服务用地价值的方法相同，可作为公园用地价值核算的参考依据。

---

① 中商产业研究院是深圳中商情大数据股份有限公司下辖的研究机构，是中国专业的第三方市场研究和企业咨询服务提供商。

（二）市场比较法

通过选择待估公园用地附近具有市场交易价格的土地，通过修正区位因素、核算期因素、使用类型因素、使用期限因素等诸多影响因素核算待估公园土地的价值，然后根据不同比较实例的核算结果进行加权获得最终待估公园土地的价值。

（三）影响因素建模法

与本书第四章核算某服务机构的土地价值的方法类似，通过已有数据建立模型，估计参数，代入待估公园用地所在区域人口密度、容积率、使用类型等诸多因素的相关数据，估算待估公园用地价值。

（四）条件价值法

目前我国大部分公园都是免费公园，游客可以自由出入，若未来有需要，则可以选择将免费公园改为收费公园，这样既保证公园本身的社会服务功能，又可以增加政府财政收入。因此，可以通过调查公园游客的支付意愿估算公园未来可能的收益，进而基于政府偿债能力的角度核算公园用地价值。CVM 法目前主要用于自然资源和环境资源以及公共物品的价值核算，目前还没有学者将其用于公园土地价值的核算，使用该方法可以根据游客的支付意愿和游客数量来估计公园潜在的收益能力，进而核算公园土地价值。CVM 法用于公园用地价值核算也在一定程度上借鉴了收益还原法的原理。

第二节　条件价值法的原理与实施方案

一、条件价值法的原理

（一）基本原理

目前，核算环境资源价值或公共物品价值常用的方法有旅行费用法（Travel Cost Method，TCM）、特征价格法与条件价值法，而条件价值法是三类方法中较为可靠的一种。条件价值法是美国学者于 1963 年研究缅因州林地娱乐价值时首次采用的，20 世纪 90 年代后，条件价值法成为主要的核算自然资源价值的方法，在应用上优于旅行费用法和特征价格法。条件价值法一般通过模拟构想市场，调查游客的支付意愿（WPT）和受偿意愿（WTA）来分析资源价值，是以福利经济学的"消费者剩余"理论为基础的，消费者愿意支付的金额即为其通过享受相应服务的提高与收入减少带来的效用降低的平衡点。

（二）条件价值法的引导技术

条件价值法的引导技术即为问卷设计的格式，分为连续型和离散型，连续型问卷又包含重复投标博弈、开放式问题格式和支付卡格式 3 种，离散型主要是指封闭性问题格式，具体如图 6 - 1 所示[①]。

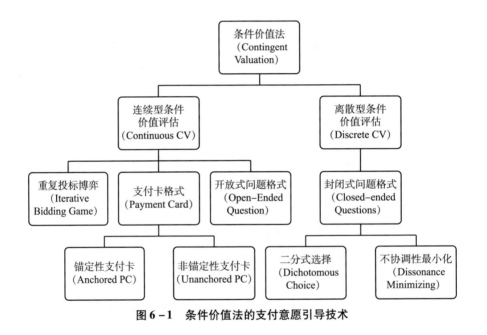

图 6 - 1　条件价值法的支付意愿引导技术

目前而言，最常用的支付意愿问卷设计方式为支付卡格式（PC）和二分式选择模式（DC）。支付卡格式直接为被访问者提供了各种不等的金额，供被访问者选择愿意接受的最大支付金额，这种方式可以通过一个问题直接得到被访问者的支付意愿。二分式选择模式（DC）则是在确定被访问者有支付意愿后，问卷中的每个问题依次逐步提高支付金额，直至被访问者能接受的最大金额为止，该方法获得的支付意愿往往更接近被调查者的真实意愿，但该方法在

---

① 张眉. 条件价值法下公益林生态效益补偿研究［M］. 北京：中国农业出版社，2015.

实施时步骤相对较多，容易引起被调查者的厌烦情绪，影响问卷的有效回收率。

（三）条件价值法（CVM）的优点

CVM 法既不同于 TCM 法，也不同于 HPM 法。相比于 TCM 法，其应用范围更为广泛，不仅限于各类风景名胜的价值核算，相比于 HPM 法，其虽然受到访问者的主观影响，但对环境及自然资源价值的核算不再需要其他数据的收集，受待估自然资源或公共物品所在的区域位置与经济发展等因素的影响较少，在实际操作中更容易实现。同时，通过 CVM 法还可以获得被调查者的性别、年龄与收入等基础信息，可以用来分析影响支付意愿的因素，进而根据社会经济人口的发展趋势，对待估自然资源或公共物品的未来价值进行核算。该方法在自然资源价值核算上具有一定前瞻性。

（四）存在的问题

条件价值法在实施过程中主要存在两个方面的问题，一个是问卷调查中存在的共性问题，另一个是支付意愿调查设计中存在的问题。

（1）大部分问卷调查都存在调查者偏差、调查方式偏差以及信息偏差。调查者偏差是指不同的调查员在调查面访过程中因人员性格、调查态度以及沟通能力等方面造成的调查结果偏误，这种调查者偏差是不可避免的，只能通过对调查员的严格培训和专业管理来减小偏差。调查方式偏差是指通过网络渠道、面访渠道等不同调查渠道造成的调查结果偏差，不同调查渠道具有不同的优缺点，应根据实际调查需要设计合理的调查方式。调查信息偏差是指因给被访问者提供的信息差异或相关问题的顺序差异造成的被访问者回答质量的偏差。

（2）因 CVM 法涉及对支付意愿（WTP）的调查，因此存在支付方式偏差和支付起点偏差。支付方式偏差是指因选择不同的支付方式导致受访问者的支付意愿不同而产生的偏差，支付起点偏差是指在 PC 式或 DC 式问卷设计时对于支付起点设计不同而造成的被访问者支付意愿的偏差。解决这两个问题的主要措施就是采取预调查，通过预调查设定合理的支付方式和支付起点，支付意愿的预调查可以采用开放式的问题或与正式调查相同的选择式问题。

对于公园用地价值的核算，通过 CVM 法调查游客的支付意愿来核算其潜在收益能力和偿债能力，进而通过收益核算公园用地的价值。目前，条件价值法主要用于环境资源的价值核算，将其用于土地价值核算是一种新的尝试，该方法在理论上借鉴了 CVM 法和收益还原法，在最终的土地价值核算中不可避免地存在诸多主观因素，但各类土地价值核算方法都会受到土地估价师的主观判断影响。本书将 CVM 法用于公园用地价值的核算将是一次有益的尝试。

二、条件价值法的实施步骤

条件价值法通过假想模拟市场来统计消费者的支付意愿，通过平均支付意愿评价环境资源或公共物品的价值。因此，根据其实施目的与该方法的原理，条件价值法的实施分为以下几个步骤。

（一）确定分析对象

首先应确定分析对象，即待估的环境资源或公共物品，针对该分析对象确定支付意愿调查方案，进而完成价值评估。条件价值法经常用于自然资源价值调查以及生态功能价值、休憩价值等方面的估算，本书主要将其应用于土地价值的调查，均是通过被调查者的支付意愿来核算待估资源的价值，因此将公园游客作为支付意愿调查的对象来分析公园用地价值是可行的。

（二）问卷设计

这是条件价值法最为关键的部分，需要根据待分析对象的实际情况合理设计问卷问题，问卷应包含两个部分：第一部分为调查对象的基本特征，如性别、年龄、收入、婚姻状况等；第二部分为支付意愿的调查，对于问题的设计以及支付金额是采用开放式还是递进式需根据具体情况进行分析。

（三）问卷发放

问卷的发放即为调查实施阶段。因游客中有一定比例的老年人，在文化程度及对相关调查问题的理解上可能存在一定偏差。为确保调查的准确性，调查最好以面访为主，通过当面沟通让被调查者了解调查的目的，合理引导调查者完成调查。同时，为保证问卷回收的有效性及调查的可靠性，可适当赠送小礼品以促使被访问者积极参与调查。同时，应合理地设计抽样方案，确保调查样本具有代表性，问卷方法数量应满足基本的分析要求。

（四）数据统计

第四步根据问卷调查结果剔除无效问卷，统计相关数据，分析支付意愿以及影响支付意愿的个体因素，并分析问卷的有效性。统计有效问卷中有关被调查者的个人信息与支付意愿数据，结合被调查者的个人相关信息分析影响支付意愿的主要因素，如有需要可以对未来支付意愿进行预测。

（五）价值估算

根据数据分析的结果，结合相应的游客数量、抽样比例以及待估资源的开发或使用年限等资料，合理估计待估资源的价值。对于支付意愿的平均值一般采用去掉极端值的方式进行处理。

第三节 用地价值核算案例

本书选取某市某风情园作为案例，分析 CVM 法及其他方法在公园用地价值核算上的适用性。

一、该风情园简况

该风情园大致分为两个区域，外区为绿化隔离区，种植大量乔木，将公园与闹市隔离；内区以人工湖为核心，形成前花、中湖、后林的主体布局。该风情园游客以附近居民和大学生为主，游客数量及游客结构相对固定。

二、条件价值法核算

我们对被访问者每月平均来公园的次数、来公园的主要目的、居住地距离公园的距离、如果政府要改变公园用途是否愿意支付一定门票费用、愿意支付的方式与金额、愿意或不愿意支付的原因等问题进行了问卷调查。对于支付意愿调查，采用了支付卡形式，初步设计了每次愿意支付的金额包含 1 元以下、1~3 元、3~5 元、5~10 元、10~20 元、20~30 元、30~50 元、50 元以上几个选项。根据预调查内容，最终问卷设计去掉了 30 元以上的选项。本书主要目的是通过核算公园未来的收益能力来估算公园的土地价值，对于影响被访问者对公园门票支付意愿的因素不再做详细分析。

（一）支付意愿分析

本调查共发放问卷 240 份，收获有效问卷 187 份。

若调查总人数为 N，其中愿意支付一定门票费用的人数为 N_1，不愿意支付的为 N_2，愿意支付的人当中，愿意支付 1 元以下、1~3 元、3~5 元、5~10 元、10~20 元、20 元以上的人数分别为 n_1、n_2、n_3、n_4、n_5、n_6，占总访问人数的比例分别为 ρ_1、ρ_2、ρ_3、ρ_4、ρ_5、ρ_6，不愿意支付者占总访问人数的比例为 ρ_7，愿意支付的金额记为 I_i，则支付意愿 WTP 如式（6-1）所示。

$$WTP = \sum_{i=1}^{7} I_i \rho_i$$
$$= \sum_{i=1}^{7} I_i \frac{n_i}{N} \qquad (6-1)$$

其中 $n_7 = N_2$，I_7 为不愿意支付者的支付金额，记为 0。

根据问卷调查数据整理与统计，在 187 份参与访问的人员中，愿意支付的人数为 143 人，不愿意支付的人数为 44 人；在愿意支付的游客中，愿意支付 1 元以下、1~3 元、3~5 元、5~10 元、10~20 元、20 元以上的人数分别为 28 人、27 人、65 人、18 人、4 人、1 人。对于支付区间所对应的支付金额，本书取平均值，即支付 1 元以下、1~3 元、3~5 元、5~10 元、10~20 元、20 元以上所对应的支付金额 I 分别为 0.5 元、2 元、4 元、7.5 元、15 元，对于 20 元以上的则按 25 元计算，最终代入式（6-1），求得该风情园游客支付意愿均值为 2.9 元/人次。

（二）游客数估算

因为该风情园是开放公园，无法精确统计游客人数，只能根据公园管理处的数据估算该公园的年游客数量。通过对公园管理处的调研访谈，公园管理处每年上报上级部门数据为晴天游客日均 6000~7000 人，结合该市天气情况，年均游客量估计为 120 万人次[①]。

（三）土地价值核算

根据该风情园游客的平均支付意愿及年平均游客数量，求得其年潜在平均收益为 348 万元。根据其他几种方法设定的公园用地期限按 50 年计算，假定

---

① 该数据来源于该公园管理处向上级管理部门上报的年均游客量。

游客的支付意愿随物价的上涨而同步变化，未来 50 年各年的潜在收益折现到现期价格仍为 348 万元，则可求得该风情园 50 年潜在收益的现期价值为 17400 万元。该价值是公园的潜在收益价值，即政府未来面临债务危机时可以获得的潜在收益价值，游客对公园的支付不仅基于公园的土地，还基于公园的各类休闲服务设施及公园的文化活动，因此，该价值并不仅仅是公园土地价值的反映。但是基于政府偿债的需求，该价值确实为政府在不转让公园用地条件下具有的偿债能力，因此基于政府资产负债核算的角度，可以以此价值作为公园用地核算的参考价值。通过条件价值法求得的 17400 万元是政府面临债务危机时可通过该土地获得的收益，即在政府不转让公园用地而将公园转为收费公园情况下该公园的土地价值。

三、其他方法价值核算

（一）基准地价修正法

根据该市国土资源和规划局相关规定，该风情园属于 3 级区域，区片基准地价为 947 元/平方米。

该风情园以娱乐休憩为主，不属于商业、商务办公、住宅或工业用地的任何一种，也几乎不具有上述土地的性质，因其周边以商业区、住宅区、学校、写字楼为主，因此本书取其所在地区作为商业用地、商务办公用地以及住宅用地三类土地基准地价的平均值为其基准地价，为 2801 元/平方米，采用与第五章相同的核算期因素修正，得到该风情园 2016 年 12 月的土地价格为 4414 元/平方米，土地价值为 36323 万元。

（二）市场比较法

选取该园附近的土地进行比较，通过修正个体交易因素、交易时期因素、区位因素、使用年期因素等估算该风情园土地价格，具体交易情况如表 6-1 所示。

表 6-1　　　　　　　　　比较实例土地基本情况

基本情况	比较实例 1	比较实例 2
面积（公顷）	0.667582	9.807593
用途	商务金融用地	普通商品住房用地

基本情况	比较实例1	比较实例2
土地级别	一级	未评估地区
容积率下限	1	4.3
容积率上限	4.75	4.3
出让年限（年）	40	70
供地方式	挂牌出让	挂牌出让
成交价格（万元）	7765	99600
单位价格（元/平方米）	11632	10155

各因素的修正方法采取与第五章某服务机构各因素修正方案类似的方法，两个比较实例的各类修正系数如表6-2所示。

表6-2　　　　　　　　　各比较实例修正系数

修正因素	比较实例1	比较实例2
个体交易因素 A	1	1
交易时期因素 B	1.57	1.51
区域位置因素 C	1	1
个体情况因素 D	0.210526316	0.23255814
使用年期因素 E	1.069	0.938

根据以上各因素的修正系数，以两块比较实例分别求得该风情园的土地价格为4110元/平方米与3345元/平方米，平均求得该风情园土地价格为3727万元，最终土地价值为30677万元。

（三）影响因素建模法

根据该市已成交的土地估算各自变量参数，代入该风情园相应的人口密度、使用类型、容积率等数据进行计算。本书采用第五章某服务机构土地价值核算时所建立的计算公式（5-11），该园容积率取1，使用类型为公共管理与公共服务用地，即虚拟变量 *House*、*Commercial*、*Industry* 均取值为0，最终求得该风情园土地价格为1190元/平方米，其最终土地价值为9794万元。

四、各种核算方法的对比分析

以该风情园为例，从以上四种方法的核算结果看，采用条件价值法所得土地价值为 17400 万元，采用基准地价修正法所得土地价值为 36323 万元，采用市场比较法所得土地价值为 30677 万元，采用影响因素建模法所得土地价值为 9794 万元，基准地价修正法与市场比较法所得结果较为相近。从公园用地的土地类型特征和四种核算方法的实践过程来看，各类方法在核算公园用地价值上具有以下特点。

（1）条件价值法是基于政府在面临债务危机时不转让公园用地，而将免费公园转换为收费公园从而获取一定收益来偿还债务这一前提下实施的。用这一方法核算的公园价值可作为政府资产中公园用地价值区间核算的参考，为政府在未来真正面临债务危机时选择处理公园用地的决策提供参考依据。

（2）基准地价修正法是最为基础的方法，因城市公园所在位置均在政府公布的基准地价涵盖范围内，因此，该方法可以作为公园用地价值核算的基本参考。

（3）市场比较法是核算公园土地当期价值较为合理的方法，但核算结果受公园附近其他可获取的土地资料质量的影响，同时也会受土地估价师的主观选择影响，因此最好选取多个比较案例进行价值估算，最后通过加权平均来确定待估公园用地的价值。

（4）影响因素建模法在核算公园用地的价值时，受公园所在位置经济发展情况、人口密度等诸多因素影响，同时因为公园内部并不存在成规模的建筑物，容积率较低，但土地价值并非通过其建筑物来体现，因此采用该方法将会在一定程度上低估公园用地的价值。但是，随着大数据技术和爬虫技术的发展，对于案例土地的各种影响因素划分得越来越详细，该方法的核算结果将会越来越准确。

第七章
非市场交易土地中公路用地价值核算

交通运输用地是我国主要土地使用类型之一,公路建设不可避免地需要占用大量土地。无论是收费公路还是免费公路,土地的所有权均属国家所有,使用权归全民所有,政府在公路的修建、维护等诸多方面起主导作用,公路用地也与政府资产负债密切相关。因此关于公路用地是否应纳入政府资产的核算范围、哪类公路用地应纳入政府资产核算范围以及公路用地价值如何核算等问题仍需进一步分析。

第一节 我国公路分类及发展现状

一、公路分类

改革开放以来,我国交通运输业发展迅速,铁路、公路、航空、海运多方面协同发展,公路作为主要的交通运输手段之一,在我国的运输业发展中起着至关重要的作用。根据公路功能、行政级别、行车速度、收费与否的差异,我国的公路可从四个方面进行分类。

(一)根据功能类别划分

根据公路的使用任务、功能和流量进行划分,将公路划分为高速公路、一级公路、二级公路、三级公路、四级公路5个等级(数字分级是传统等级体系,高速公路是新的分类方式)。其中,高速公路和一级公路为高等级公路,二级公路居中,三级公路和四级公路为低等级公路。

（二）根据行政级别划分

根据公路在整体交通网中的行政级别及作用，将公路分国道、省道、县道、乡道及专用公路。

（三）根据行车速度划分

根据公路行车速度可分为高速公路、快速公路、普通公路。

（四）根据收费与否划分

根据公路收费与否，可分为收费公路和普通公路，收费公路包括收费高速公路、收费一级公路、收费二级公路、收费桥梁、收费隧道。

根据中华人民共和国交通运输部公路局主编并颁布的《公路工程技术标准》[①]，采用了第一种分类方法，并对各级公路功能特征、交通量等进行说明，这是目前我国对公路的标准分类准则。

二、中国公路运输发展现状

根据交通运输部 2017 年 4 月公布的《2016 年交通运输行业发展统计公报》[②]，截止到 2016 年年底，我国公路总里程 469.63 万公里，公路密度 48.92 公里/百平方公里，公路养护里程 459 万公里，其中四级以上公路 422.65 万公里，国道 35.48 万公里，省道 31.33 万公里。农村公路里程 395.98 万公里。公路桥梁 80.53 万座、4916.97 万米，公路隧道 15181 处、1403.97 万米。我国公路里程分技术等级构成如图 7-1 所示。

由图 7-1 可以看出，我国公路以四级公路为主，占比高达 68%，高速公路里程占比仅为 3%，一级和二级公路也仅为 10%，而我国的三级公路和四级公路均是非收费公路，由此看来我国的大部分道路是非收费公路。

我国的公路按收费与否可分为收费公路和非收费公路，其中收费公路包括收费高速公路、收费一级公路、收费二级公路、收费独立桥梁、收费独立

---

① http：//www. mot. gov. cn/jiaotongtushu/201510/t20151015_1905653. html.

② http：//zizhan. mot. gov. cn/zfxxgk/bnssj/zhghs/201704/t20170417_2191106. html.

隧道五种。收费公路根据公路的修建资金来源可分为政府还贷性公路①与经营性公路②。两者的区别主要在于道路建设资金来源的不同，政府还贷性公路主要是政府通过各种渠道筹集资金修建公路，道路通车后由政府行使管理经营权，所得各项经营性收入也由政府获取；而经营性公路则是由国内外企业或组织投资修建，并获得一定期限的管理经营权，在此期限内，所有相关收入由企业收取，但需要按相关法律规定缴纳各项税费。

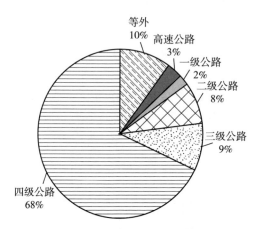

图 7-1　我国公路里程分技术等级构成

根据《2016 年全国收费公路统计公报》，截止到 2016 年年底，全国收费性公路里程 17.11 万公里，占全国公路总里程的 3.6%，其中，高速公路 12.45 万公里，一级公路 2.35 万公里，二级公路 2.19 万公里，独立桥梁隧道 1123 公里，分别占全国收费公路里程的 72.8%、13.7%、12.8% 和 0.7%。2016 年全国收费公路通行费收入为 4548.5 亿元，支出总额为 8691.7 亿元，通行费收支缺口 4143.3 亿元；2016 年的收费公路支出中，偿还债务本金支出 4750.5 亿元，偿还债务利息支出 2313.3 亿元，养护支出 476.3 亿元，公路及附属设施改扩建工程支出 228.7 亿元，运营管理支出 596.8 亿元，税费支出 308.9 亿元，其他支出 17.3 亿元，分别占收费公路支出总额的 54.7%、26.6%、5.5%、2.6%、6.9%、3.6% 和 0.2%。

---

① 政府还贷性公路：指县级以上地方人民政府交通运输主管部门利用贷款或向企业、个人有偿集资建设的公路，收费时使用财政票据。

② 经营性公路：指国内外经济组织投资建设或依照公路法的规定受让政府还贷公路收费权的公路，收费时使用税务票据。

整体而言，我国公路用地所占土地已是政府资产中土地资源的重要组成部分，收费公路的相关收入与支出也是影响政府资产负债结构的重要因素，对于政府资产中公路用地的核算范围需进一步分析。

第二节 政府资产中公路用地核算范围

一、纳入政府资产负债核算范围的准则

针对公路用地是否应当纳入政府资产这一问题，不同的国家基于各自的法律和相关财政准则给出了不同的方案，澳大利亚在政府资产负债核算以及自然资源资产负债核算方面都相对成熟，因此，澳大利亚公路用地的核算实践对我国公路用地的核算具有良好的参考意义。

（一）澳大利亚公路用地核算问题

较早开始对道路用地是否纳入政府资产讨论的国家是澳大利亚，澳大利亚会计准则（Australian Accounting Standard 27，AAS27）（1995）将道路用地纳入政府财务报告，但仍存在较大争议，至今 20 多年澳大利亚会计准则委员会（Australian Accounting Standard Board，AASB）一直就这一问题进行研究与讨论，也并非所有的地方政府都将道路用地纳入政府财务报告中。有学者认为不应将道路用地纳入地方资产中，从法律上来说，公路及公路用地的所有权并不归任何一方所有，所有人都有权利通过公路，各类公路委员会被建立来负责道路的修建与养护，但各类委员会并不具有该道路的财产权与所有权。因为道路用地是公共资源，并不归个人所有，任何个人或企业都无法通过公路用地获得收益，因此不符合资产的基本要求。同时，澳大利亚土地一般归各公路委员会管理，其修建维护等也由政府财政支出，因此核算其价值并不能对道路的管理起太多作用。哈桑·诶威亚（Hassan M. A. Elhawary）对各州地方政府是否将公路用地纳入政府财务会计体系进行了抽样调查，从澳大利亚新南威尔士（New South Wales）、北领地（Northern Territory）、昆士兰（Queensland）、南澳大利亚（South Australia）、塔斯马尼亚（Tasmania）、维多利亚（Victoria）、西澳大利亚（Western Australia）7 个州共 559 个地方政府中抽取 217 个地方政府调查发现，北领地、昆士兰、南澳大利亚、西澳大利亚 4 个州没有任何一个地方政府将公路用地纳入政府财务报告中，主要原因是这 4 个州的公路委员会认为

没有办法准确核算公路用地价值，并且因澳大利亚大部分高速公路均为免费公路，公路用地不具有未来预期收益，纳入政府财务报告中并没有实际意义。截止到2009年，新南威尔士州有25.4%的地方政府将公路用地纳入政府财务报告，塔斯马尼亚州这一比例为9.1%，维多利亚州这一比例为71%，到2010年，这3个州中将公路用地纳入政府资产负债核算的比例分别为27.1%、18.2%和74.2%，表明越来越多的澳大利亚地方政府将公路用地纳入政府资产核算中。在比例最高的维多利亚州，2010年将公路用地纳入政府财务报告的23个地方政府中，有21个地方政府中公路用地价值占政府资产的比重低于2%，另外2个地方政府中，公路用地资产占政府资产的比例分别为12.5%和17.6%。维多利亚政府为了控制结果之间的差距，在2010年进行公路用地价值核算时使用了成本法、公允价值法①两种方法并以2008年7月1日为界进行了价值核算②。

由此可见，澳大利亚已经有一定比例的地方政府开始将公路用地纳入政府财务报告中，而且这一趋势在逐渐增加。但对于各地方政府对公路用地价值的核算方法目前还没有统一的标准。总结发现，澳大利亚各地方政府采用的公路用地价值方法主要包括购买价格、出售价格、邻近土地价格等方法，且各种方法核算结果差别较大，并没有绝对可靠的方法可以核算公路用地价值。

（二）中国政府资产中公路用地核算准则的讨论

我国与澳大利亚或欧美等大部分国家不同，我国法律明确规定土地归国家或集体所有，任何个人或企业都不具有土地的所有权，对于归国家所有的土地，一般由政府代为行使各项权利。政府可以根据经济发展与居民生活需要，在法律允许的范围内合理规划土地使用，转让土地的使用权给企业或个人，政府在土地转让过程中获得相应的收入。由此可见，土地与政府的资产负债密切相关，但是在政府资产负债核算中，并非所有土地资源都将被纳入资产负债核算中。同样，也并非所有公路用地都可以纳入政府资产负债核算范围内，需要

---

①　公允价值法是指以市场价值或未来现金流量的现值作为资产和负债的主要计量属性的会计模式。

②　核算方案：（1）仅以2008年7月1日后取得的道路土地的成本确认（Recognition at Cost of Only Land Under Roads Acquired Post 1 July 2008）；（2）以所有道路土地的成本确认（Recognition at Cost of All Land Under Roads）；（3）仅以2008年7月1日后取得的道路土地的公允价值确认（Cognition at Fair Value of Only Land Under Roads Acquired Post 1 July 2008）；（4）所有道路土地的公允价值确认（Recognition at Fair Value of All Land Under Roads）。

根据具体情况进行分析。

　　各级政府基于国家发展与城市发展的需要，基于满足人民基本出行活动的需求，修建了各类公路，如城市内街巷道路、乡镇道路、各类高速公路，同样也占用了大量的土地。该类公路用地产权明晰，公路用地归国家所有，政府享有经济所有权，经营管理各类公路用地。政府因其职能，需要对各类公路的修建维护等支出费用，无论是收费公路还是非收费公路，政府都要进行支出，并且这种支出是不可避免的，与是否将公路用地纳入政府资产负债核算范围内无关。而从收入角度看则不同，若公路用地存在持续的收入和潜在的收入能力，政府可在当前或未来获得收益，使得公路用地具有一定的偿债能力，对政府的资产负债结构产生影响。因此，判断公路用地是否纳入政府资产负债核算范围，关键在于政府是否对这类土地享有经济所有权以及能否通过这类土地在当前或者未来获得收益，即这部分土地于政府而言是否具有或潜在具有偿债能力。若某一类型公路用地使得政府可以在当前或未来获得一定的收益，对政府资产负债产生影响，则应当将其纳入政府资产负债核算范围；若某一类公路用地在当前或未来都不具有偿债能力，对政府的资产负债结构不会产生影响，则不纳入政府资产负债核算范围。

二、政府资产中的公路用地核算种类

　　公路用地无疑占用了大量土地，就我国高速公路和一级公路而言，其行车道、超车道、应急车道、隔离带、绿化带、两侧缓冲区等区域宽度加在一起约为40米，我国高速公路和一级公路收费路段总长14.8万公里，占地面积约6000平方公里，因此，不能忽视公路用地所占用的土地面积。而基于公共出行服务目的，大部分公路均为政府筹集资金修建，道路的维护等也是以政府相关部门维护为主，政府拥有公路用地的经济所有权，所有居民或企业有偿或无偿使用公路，政府可根据发展与管理需求转让公路用地的经济所有权给相关企业。因此，无论是从政府职能还是土地经济所有权角度考虑，公路用地与政府密切相关，但并非所有公路用地都会对政府的资产负债产生影响。

　　对于非收费公路，如普通公路和街巷公路，虽然政府在道路的修建和维护方面投资较大，但道路基本不会变化，土地类型不会发生变化，公路用地也很难在未来用作他途。政府虽然在道路修建等方面负担一定债务，但政府很难通过该道路获得持续性收入，若将其纳入政府资产核算范围内，未来政府面临债务危机时，并不能通过转让该类公路用地的经济所有权或管理权来偿还债务。因此，本书认为非收费公路用地不需要纳入政府资产负债核算中，政府在这方面的支出属于相应的公共服务支出，与其所占用土地并不存在直接关系。

对于收费公路，无论是政府还贷性公路还是经营性公路，政府或经营企业都可以持续的获得收入，因此需要考虑其对政府资产负债的影响。对于经营性收费公路，从修建到运营一般由国内企业负责，企业在修建好公路后，可以在一定时期内获得该段公路的管理经营权，到期后则将管理经营权交给政府。因此，在政府获得该路段的管理经营权之后，政府可以根据需要选择免费或收费经营。而对于政府还贷性收费公路，政府通过收费公路的经营性收入偿还贷款及利息，同时也支出一定的管理维护成本，在公路运营通行的前期阶段，政府的收入主要用来偿还建设期的贷款，后期高速公路的收入则会出现盈余，政府可将这一收入用来进行其他投资或偿还债务，这都将影响政府的资产负债结构，故需要将收费公路用地纳入政府资产负债核算范围。

因此，无论是高速公路还是一级或二级公路，按收费公路与非收费公路划分，本书认为应将收费的高速公路用地或收费的一二级公路用地纳入政府资产负债范围，而不将普通道路、街巷道路等非收费公路用地纳入政府资产核算范围。

第三节　收费公路用地价值核算方法

土地价值的估价方法有很多，如前文使用过的基准地价修正法、市场比较法以及影响因素建模法等，但这些方法并不适合各类型的土地。因此，要确定合适的价值核算方法就必须确定较为全面的公路用地价值核算标准。

一、公路用地价值核算标准

公路用地与前文的公共管理与公共服务用地不同，核算标准也存在一定区别。无论是收费公路用地还是非收费公路用地，并不存在市场间的土地交易行为。对于收费公路而言，政府还贷性公路由政府筹集资金修建，对土地的征用以及建设等都由政府承担，公路建成后也由政府相关部门管理，不存在所有权或使用权的交易转让；经营性收费公路则由企业出资修建，在一定期限后将使用权或管理权移交政府，也不会出现土地的市场交易行为。因此，与前文的公共管理与公共服务用地类似，由于没有土地的市场交易价格做参考，依然无法根据核算结果判定核算方法的合理性，只能从核算方法的特点和公路用地特征的匹配性来判断。当然，公路用地价值核算也需要遵循一般的价值核算原则。因此，本书认为公路用地价值核算应遵循以下标准。

（1）符合 SNA 与 SEEA 中有关土地价值核算的基本准则。根据 SNA 与 SEEA 相关核算标准，进行土地价值核算时，需要将土地及土地上建筑物隔离开来，因此高速公路上的绿化带、测速仪、指示牌等建筑价值应与土地本身价值隔离开来。价值核算时间上依然需要遵循当期核算的原则，对于未来收益等指标的核算需折现为当期价格，每个核算期需根据具体情况进行重估价核算。

（2）符合待估土地的实际特征。收费公路用地因其主要是提供出行这一具有公共性的服务，土地形状又是非区块型，一个路段往往横穿农村、城镇等多个地区。因此并不能采取城镇土地估价时常用的市场比较法进行价值核算；同样，因其跨度大，也不存在合适的基准地价可供参考。因此，公用用地的价值核算方法一定要符合土地特征，根据公路用地的实际情况具体确定核算方法。

（3）符合各地政府的实际情况。本书是基于核算政府资产中的土地资源而对收费公路用地进行价值核算，而不同地方政府对高速公路的所有权或使用权并不相同，有的收费公路是政府还贷型，有的是经营型，因此应考虑实际情况，真实反映各地政府的资产状况。同时，对于收费公路用地的使用期限等要根据各地政府的实际情况确定。

（4）具有实际可操作性。与公共管理与公共服务用地相似，本书核算交通用地的价值是为了编制各级政府资产负债表，因此其价值核算方法必须具有可操作性，易于统计部门、交通部门等部门人员进行操作，使核算结果具有全国可比性。

综上所述，收费公路用地因其主要是提供出行这一具有公共性的服务，其土地形状又是非区块型，一个路段往往横穿农村、城镇等多个地区，因此该类土地并不适合用基准地价修正法或市场比较法进行核算。但高速公路的修建有一定的成本，因其收费，所以又具有一定的持续性的收益，因此可以基于高速公路用地的成本与收益两个角度分别使用成本逼近法与收益还原法进行价值核算。

二、成本逼近法

（一）基本原理与方法

成本逼近法（Cost Approach）是以开发土地所耗费的各项费用之和为主要依据，再加上一定的利润、利息、应缴纳的税金和土地增值收益来推算土地价格的估价方法。采用成本逼近法分析土地价值必须考虑土地的成本因素，由于土地资源的稀缺性，使用者必须支付地租，又因开发土地投入的资本和利息也是构成地租的一部分，因此采用成本逼近法评估土地价值的计算公式为：

$$土地价值 = 土地取得费用 + 土地开发费用 + 税费$$
$$+ 利息 + 利润 + 土地增值收益$$

土地取得费用为政府或开发单位为取得土地使用权而向土地原所有权者或使用权者支付的费用，如青苗补偿费或安置费等。土地开发费用是指为使得征用的土地适合成为建筑使用的土地而进行的开发费用，如土地平整等多方面的支出。税费是土地取得和开发过程中需要按法律规定缴纳的税收和费用。由于土地开发需要一定时期，因此要考虑资金的利息，使用自有资金则需要考虑该部分资金在整个开发期的利息，使用贷款则需要考虑贷款利息。利润是土地开发所取得社会平均利润，根据土地类型的不同而存在较大差别。土地增值收益是指因改变土地性能及土地改良而产生的收益。

成本逼近法主要适用于新开发土地的估价或无市场交易实例的估价，因此，结合成本逼近法的实施方案和收费公路用地的特征，可以采用成本逼近法对收费公路用地价值进行核算。成本逼近法中的土地开发费用往往指土地进行"六通一平"等投入的费用，而对于收费公路用地而言，其与住宅用地或工业用地并不相同，不需要做到"六通一平"，主要是勘察设计、修建路基等费用。收费公路的税费主要是在土地征收及项目修建过程中所缴纳的各项税费。因收费公路征地以及建设成本较大，项目承建方往往会有大量贷款，因此对于收费公路用地而言，成本逼近法中的利息主要是贷款利息。利润主要是指项目投资方的投资收益。

土地的增值收益计算方法为：

$$土地增值收益 = （土地取得费 + 土地开发费 + 税费 + 利息 + 利润）$$
$$× 土地增值收益率$$

商业用地的土地增值收益率往往最高，工业用地较低，一般的土地增值收益率在 10% ~ 30% 。

（二）各类因素修正

同样，对于公路用地核算也需要对核算日期、使用年期等因素进行修正。因此，公路用地价值核算主要分为两步：

第一步，数据获得期公路用地成本核算，如式（7-1）所示。

$$V = V_1 + V_2 + V_3 + V_4 + V_5 + V_6 \tag{7-1}$$

其中 V_1 表示土地取得费，V_2 表示土地开发费，V_3 表示公路用地的税费，V_4 表示贷款利息，V_5 表示公路用地的利润，V_6 表示公路用地的增值收益。

第二步，核算期公路用地成本核算，如式（7-2）所示。

$$\hat{V} = \beta_1 \times \beta_2 \times V \tag{7-2}$$

其中，β_1 为核算期修正系数，可以通过物价或利率变化进行修正；β_2 为土地使用年期修正系数，可根据土地还原率进行计算，计算方法如式（7-3）所示。

$$\beta_2 = 1 - \frac{1}{(1+r)^n} \tag{7-3}$$

其中 r 为土地还原率，n 为土地使用年期。

三、收益还原法

（一）基本原理

收益还原法（Income Capitalization Approach）是将待估土地在未来每年的预期收益以一定的还原率还原为估计基准日收益的一种方法，即土地价格等于土地净收益与利率的比值。适合未来存在收益的资产评估。当土地所有者占有某块土地时，不仅可以获得当期收益，也可以在一定期限内获得源源不断的持续收益，因此使用收益还原法估算土地价值的本质就是地租原理和预期收益原理。

土地的收益一般可以分为实际收益和客观收益，实际收益是现实情况下取得的收入，这与经营者的能力等诸多因素相关，并不能真实反映土地价值；客观收益则是排除实际收益中的特殊因素和个体因素后的收益。同样，土地收益也可以分为有形收益和无形收益。对于收费公路用地而言，其收益更多取决于车流量，这与国家整体的经济发展与居民出行习惯的改变相关性较大，与企业或政府相关部门的经营管理能力相关性较小。因此，本书针对收费公路用地不区分其实际收益与客观收益。

（二）计算方法

土地的收益形式主要有土地出租租金、房屋出租租金、企业经营收益3种，土地出租租金是指直接通过土地出租获得的租金；房屋出租租金是指出租土地上的房屋获得的租金，而房屋的出租又包含房屋土地使用权的出租；企业经营收益是指企业在正常经营条件下通过土地获得的客观收益。对于收费公路而言，其收益主要指政府或企业通过对收费公路的管理经营而获得的收益。

收益还原法的一般公式如式（7-4）所示。

$$V = \frac{a_1}{1 + r_1} + \frac{a_2}{(1 + r_1)(1 + r_2)} + \cdots + \frac{a_n}{(1 + r_1)(1 + r_2)\cdots(1 + r_n)}$$

$$= \sum_{i=1}^{n} \frac{a_i}{\prod_{j=1}^{i}(1 + r_j)} \qquad (7-4)$$

其中，V 为土地的收益价格，即现值；n 为土地获得收益的期限；a_1，a_2，$\cdots$，a_n 分别为待估土地未来第1期，第2期，$\cdots$，第 n 期的收益；r_1，r_2，$\cdots$，r_n 分别为未来第1期，第2期，$\cdots$，第 n 期的土地还原率。

由上述公式可以看出，收益还原法确定待估土地价格的关键因素是土地的未来预期收益和土地还原率。对于有些类型土地而言，每期土地未来预期收益是固定的，即 a_1，a_2，a_n 是相等的；对于有些土地类型而言，其预期收益则是递增或递减的；对于收费公路而言，其未来预期收益很大程度上取决于公路上的车流量，因此在核算时需要对未来的公路汽车流量作出预测以合理推测未来收益。土地还原率确定方法主要包括土地纯收益与价格比率法、安全利率加风险调整值法和投资风险与投资收益率综合排序插入法，需要根据待估土地的具体特征和实际操作可行性确定合理的土地还原率。

第八章
其他非市场交易土地价值
核算方法探讨

本书第五章、第六章和第七章对具有代表性的土地价值方法进行了分析，并以实际案例对各方法在上述土地类型价值核算时的适用性和实践过程中可能存在的难点问题进行了研究。除上述土地外，还有部分非市场交易的土地因土地类型和土地功能复杂，并且目前相关数据获取难度较大，因此本书将在这一章对非市场交易土地中的其他类型土地的特征和可行的价值核算方法进行探讨分析，但不再进行具体案例分析。除上述分析过的土地外，政府资产中主要通过非市场交易方式获得的土地还有机场用地与港口码头用地、铁路用地与轨道交通用地、风景名胜设施用地等几种，接下来将逐一分析。

第一节　机场用地与港口码头用地

一、机场用地

机场用地是指民用机场用地和军民合用机场用地。截止到 2016 年年底，中国颁证运输机场数量为 218 个①，比 2015 年增加 8 个，其中东北地区 23 个，东部地区 53 个，西部地区 110 个，中部地区 32 个。随着航空技术的发展和居民出行方式的转变，会有越来越多的城市建设机场，而机场的建设将是政府对整个城市发展规划的重要组成部分。机场占地面积较大，如北京首都机场三个航站楼占地面积约 141 公顷，而一些小的机场占地也有几十公顷，因此机场用

---

① 不包含我国的港澳台地区。

地是政府资产中土地资源的重要组成部分，对机场用地价值的核算也将是完成政府资产负债核算的重要内容。

机场用地可分为航空用地（跑道、停机区）、公共设施用地、商务用地、物流用地、未来规划用地，机场航站楼集商务办公与商业服务功能于一体，飞机跑道及停机坪具有运输功能，货物仓储物流中心又具有仓储物流功能。因此，对于机场用地的价值核算要根据各区域用地功能将其分开核算，最后进行加总。若机场用地价值为 V，其表达式如式（8-1）所示。

$$V^j = V_1^j + V_2^j + V_3^j + V_4^j + V_5^j \qquad (8-1)$$

其中 V_1^j 为机场跑道及停机区域土地价值，V_2^j 为机场中公共设施用地价值，V_3^j 为机场中商务用地价值，V_4^j 为机场中物流用地价值，V_5^j 为机场中暂未利用土地价值。在机场用地的各部分土地价值核算中，对于机场跑道和停机区域土地的价值可以采用成本逼近法进行核算；对于机场中的公共设施用地可以采用市场比较法进行核算；对于商业用地价值可以采用市场比较法或收益还原法进行计算，收益还原法主要通过核算机场用地中各类商服用地租金收入及支出来核算其价值；对于物流用地则可以参照市场其他物流用地的价值进行估算，同时也可以采用成本逼近法进行核算；对于机场用地中的未利用土地，可以采用剩余法进行核算。

机场用地中各部分土地价值中最难核算的是未利用土地的价值，这类土地可以采用剩余法进行核算。若未利用土地未来规划为商业用地，则需要按商业用地估算其整体交易价值和建设成本；若规划为物流用地，则需要预测包含物流房产在内的总值和建设成本，最终估算机场中未利用土地的价值。若预测未开发用地未来包含房产的市场交易价值为 A^j，土地上建筑物的成本为 B^j，开发建设可以获得利润为 R^j，则机场用地中未利用土地的价值如式（8-2）所示。

$$V_5^j = A^j - B^j - R^j \qquad (8-2)$$

对于机场用地价值的核算，重点是机场各类功能土地的具体细分以及未利用土地价值的预测，在使用收益还原法核算机场中的商务用地价值时需要较为详细的财务报告，在对未利用土地价值进行核算时存在一定的主观性，鉴于相关数据为非公开数据，获取的难度较大，本书不再以具体案例核算机场用地价值。

二、港口码头用地

我国港口码头主要分为沿海港口码头和内河港口码头，沿海码头主要包括大连、天津、烟台、青岛、上海、宁波、连云港、福州、厦门、深圳、广州等海运码头；内河码头主要包括南京、苏州、无锡、上海、杭州、武汉、重庆等河运码头。根据交通运输部数据，2017 年我国规模以上港口货物吞吐量约为 1264 亿吨，沿海港口码头约 862 亿吨，内河港口约 402 亿吨；全国旅客吞吐量约为 8728 万人，其中沿海港口约 7687 万人，内河港口约 1041 万人，港口旅客吞吐量占我国所有出行人次的比例较小；整体而言，我国港口码头以货运为主[①]。

港口码头用地属于交通运输用地，主要是指用于人工修建的客运、货运、捕捞及工程、工作船舶停靠的场所及其附属建筑物用地，不包括常水位以下部分。一般而言货运港口码头用地主要包括集装箱码头用地、散货码头用地、工业用地与仓储用地等。港口码头用地的价值核算与机场用地相似，均需要对港口码头各部分功能用地分别予以核算再进行加总。因此，对于港口码头用地的核算可以分为四个主要部分分别进行，若港口码头用地价值为 V^g，则其表达式如式（8-3）所示。

$$V^g = V_1^g + V_2^g + V_3^g + V_4^g \qquad (8-3)$$

其中，V_1^g 为集装箱码头用地，V_2^g 为散货码头用地，V_3^g 为工业用地，V_4^g 为港口仓储用地。V_1^g 和 V_2^g 可以采用成本逼近法进行计算，并根据核算期调整价格；V_3^g 和 V_4^g 既可以采用成本逼近法进行计算，也可以根据港口工业用地和仓储物流用地的收益采用收益还原法进行核算，还可以根据港口附近工业用地和仓储物流用地的市场价格采用市场比较法核算其价值。最终，必须统一 V_1^g、V_2^g、V_3^g 和 V_4^g 的核算期，然后加总得到港口码头用地核算期的价值。与机场用地类似，本书不再以具体案例分析港口码头用地的价值核算问题，涉及的成本逼近法、市场比较法的具体原理及实践步骤已在前文进行过阐述。

第二节　铁路用地与轨道交通用地

一、铁路用地

铁路用地是指用于铁道线路及其场站的用地，包括征地范围内的路堤、路堑、

---

① http://zizhan.mot.gov.cn/zfxxgk/bnssj/zhghs/201801/t20180126_2983364.html.

道沟、桥梁、林木等用地。根据交通运输部数据，截止到 2016 年年底，全国铁路营业里程达到 12.4 万公里，比上年增长 2.5%。全国铁路路网密度[①]为 129.2 公里/万平方公里，比上年增加 3.2 公里/万平方公里。2016 年全国铁路旅客发送量 28.14 亿人，比上年增加 2.79 亿人，增长 11.0%。由此可见，铁路依旧是我国最主要的客运和货运渠道，铁路所占用土地也是政府资产中不可忽略的一部分。

中国铁路总公司在关于印发《铁路用地管理办法》的通知中明确要求，对铁路依法取得使用权的土地，应及时向当地县级以上人民政府国土资源行政主管部门申请土地登记，确认产权关系，明确产权归属；对铁路用地的规划利用要与城市规划相协调，确保土地的有效合理利用。《关于支持铁路建设实施土地综合开发的意见》[②] 中也明确要求推动铁路用地的综合利用，采用市场化方式供应综合开发用地。可见，铁路用地也是综合用地，铁路用地的价值核算主要分为两部分，即线路用地和场站用地。若铁路用地价值为 V^t，则其表达式如式（8-4）所示。

$$V^t = V_1^t + V_2^t \qquad (8-4)$$

其中 V_1^t 为铁路线路用地价值，V_2^t 为铁路场站用地价值。对于铁路线路用地 V_1^t 可根据铁路线路用地的征收补偿成本、建设成本、融资成本等数据使用成本逼近法进行核算，这与收费公路用地价值算法相似。对于场站用地价值 V_2^t 则可以采用市场比较法进行价值核算，以火车站附近相应的商务办公用地和商务服务用地等进行各类因素修正，核算铁路场站用地价值。对于铁路用地整体价值核算也可以根据各铁路分公司的各方面收入使用收益还原法进行核算。

二、轨道交通用地

根据中国城市轨道交通协会[③] 2017 年发布的《城市轨道交通 2016 年度统计分析报告》[④]，截止到 2016 年年底，我国共 30 个城市（不含港澳台地区）

---

① 铁路路网密度指区域内所有铁路的总长度与区域总面积之比。路网密度是交通与发展的骨架，对合理路网间距的认识是路网规划的关键。

② http://www.china-railway.com.cn/xwdt/tlxw/201408/t20140814_44953.html.

③ 中国城市轨道交通协会是由与城市轨道交通有相关业务的发展规划、设计咨询、投资融资、工程建设、运营管理、装备制造、科研院校等单位和个人自愿结合的全国性、行业性、非营利社会组织，接受业务主管单位国家发展和改革委员会和社团登记管理机关的业务指导和监督管理，同时接受住房和城乡建设部、交通运输部的行业指导。

④ http://www.camet.org.cn/index.php?m=content&c=index&a=show&catid=18&id=1625.

开通了轨道交通运营，共计 133 条线路，总长度达 4152.8 公里，地铁 3168.7 公里，其他轨道交通用地 984.1 公里。2016 年轨道交通投资 3847 亿元，运营场站 2671 座，规划总线路已达 7000 公里。整体而言，会有越来越多的城市建立轨道交通，轨道交通用地也是政府交通用地中不可忽略的一部分，因此轨道交通用地的价值是完成政府资产中土地资源价值核算的重要部分。

轨道交通用地指用于轻轨、现代有轨电车、单轨等轨道交通用地以及场站的用地。部分城市为了规范轨道交通用地，出台了相应管理法办法，如青岛市政府审议通过了《青岛市轨道交通土地资源开发利用管理办法》[①]，并于 2017 年 1 月 1 日正式实施。作为政府土地资产中的一部分，轨道交通用地的功能与铁路用地相似，一般不会发生改变，政府主导轨道交通用地的征收开发维护等工作，也将通过轨道交通用地的利用获得收益。因此，对于轨道交通用地价值的核算可以采用与铁路用地相似的方法，将轨道交通用地分为轻轨、有轨电车等线路用地和各类场站的用地，分别计算轨道交通线路用地和场站用地价值，然后汇总求和。若记轨道交通用地价值为 V^r，则其表达式如式（8-5）所示。

$$V^r = V_1^r + V_2^r \tag{8-5}$$

其中，V_1^r 为轨道交通线路用地，V_2^r 为轨道交通场站用地，对于线路用地 V_1^r 可以采用成本逼近法核算其当期价值；对于场站用地价值 V_2^r，根据各场站的功能差异及地区差异可采用市场比较法核算其当期价值，然后加总获得轨道交通用地的总价值。由于目前各城市轨道交通运营情况差别较大，有的城市轨道交通运营处于亏损状态（如上海、南昌），有的城市轨道交通运营则处于盈利状态（如深圳、福州等地），因此目前并不适宜使用收益还原法核算轨道交通用地的价值，但是随着城市化进程的推进和轨道交通运营效率的提高，未来可以根据人口密度及经济发展变化等预测相关数据，使用收益还原法核算轨道交通用地价值。

第三节　风景名胜设施用地

一、风景名胜设施用地与风景名胜用地的区别

根据《风景名胜区规划规范》和《风景名胜区规划规范（征求意见

---

① http://www.qingdao.gov.cn/n172/n68422/n68424/n31280703/n31280713/161121170953595736.html.

稿)》①，均对风景名胜游览用地与风景设施用地做了区分，风景名胜设施用地并不等同于风景名胜用地，风景名胜用地包含风景游览用地、风景设施用地、交通工程用地、居民用地、风景区内的林地和草地等。风景名胜设施用地是指风景名胜点包括名胜古迹、旅游景点、革命遗址、自然保护区、森林公园、湿地公园的管理机构以及旅游服务设施的建筑用地②，而景区的其他用地则按现状归入相应类型，如森林归入林地、草地归入林地等，不包含在风景名胜设施用地内。

风景名胜设施用地中的旅游服务设施用地包含风景区相关的游乐设施用地、餐饮服务用地、住宿服务用地以及商品和纪念品销售用地等，这些土地虽然占地面积不大，但基于旅游景点的客流量和旅游区该类设施的稀缺性，使得以上各类旅游服务设施用地所有者均可以获得大量的经济收入。政府或直接管理上述各类风景名胜设施用地，或转让给其他企业来提供上述旅游服务，无论哪种情况，政府均可以通过这类土地的管理或使用权转让获得收入，因此不能忽略这类土地在政府资产中的分量，应将风景名胜设施用地纳入政府土地资产中。要完成政府资产负债表的编制，就需要各风景名胜景区所属的政府部门将其纳入相应的土地资产中，对这类土地的价值核算将是最终编制完成政府资产负债表的难点。

二、风景名胜设施用地价值核算方法

风景名胜设施用地一般位于风景名胜区内或附近区域，由于其功能是提供风景名胜区的管理或服务，除发生重大自然灾害外，风景名胜区用地一般不会发生较大改变，因此风景名胜设施用地的功能也一般不会发生改变。风景名胜设施用地的管理单位通常也不会变更其土地类型，风景名胜所属地区政府可以通过自身管理经营或转让土地所有权和相关设施经营权两种方式获得收益，所以对于风景名胜设施用地价值核算最为合理的方法为收益还原法。

对于通过转让所有权方式来获得收益的风景设施用地，如政府转让风景区内或附近的商务用地给其他企业作为餐饮或住宿用地等情况，各地区统计部门可以根据实际转让的价格及转让年限来核算政府的实际收入，并考虑贴现率等核算出风景名胜设施用地的当期价值，贴现方法可参考式（7-6）的方法。

---

① http：//www. mohurd. gov. cn/wjfb/201706/t20170613_232201. html.
② 依据《土地利用现状分类》（GB/T 21010-2017）。

对于政府管理经营的风景设施用地，可以根据相应的营业收入与运营支出来核算该类风景设施用地的收益，通过对未来游客量的预测估计风景名胜设施的未来收益，设定合理的管理经营期限，采用收益还原法核算风景名胜设施用地的当期价值。

第九章
主要结论与研究展望

第一节　主要结论

本书基于编制各级政府资产负债表的需求，针对与政府资产负债密切相关的土地资源的核算问题进行了探讨。从马克思主义经济学和西方经济学有关土地资源的理论出发，参照我国有关的法律法规以及各类土地资源与政府资产负债相关的密切程度确定了纳入政府资产负债核算范围的土地类型。对于政府资产负债核算范围内的土地资源价值核算方法进行了分析，并针对各类通过非市场交易渠道获得的土地的价值核算方法进行了探讨。以综合行政用地、公园用地、公路用地为例分析了这几类土地价值核算的适用方法，通过实际案例分析验证各种土地价值核算方法在各类土地价值核算中的适用性，并对其他非市场交易土地的基本特征和核算方法进行了分析。主要得到以下结论。

一、土地资源相关理论的综合分析

（一）土地资源具有自然属性与经济属性

基于土地资源学理论，以马克思主义经济学为基础，借鉴西方经济学相关地租理论，在中国特色社会主义市场经济体制和城镇化过程不断推进的背景下，土地是一个集自然属性与经济属性于一体的综合体。仅具有自然属性的土地是仅有价格而不具有价值的，但是当土地具有经济属性后，土地资源具有价值。土地除具有承载功能、生产功能、生态功能外，还具有资产功能，因此土地是国家和政府的重要资产组成部分，无论是国民经济核算理论与国际准则，还是政府财政统计的理论及国际准则都将土地纳入资产负债核算表中。

（二）政府部门的范围界定

根据政府范围的不同可将政府部门分为狭义政府、广义政府和公共部门，狭义政府即为各类政府行政部门及事业单位；广义政府则包含狭义政府和由政府控制的非营利机构，主要是为住户部门服务的非营利机构；公共部门则包含广义政府和政府控制的公司，其中广义政府即为 SNA 中的一般政府部门，本书对政府的定义则为公共部门，包含各类政府控制的公司。

（三）土地资源属于非金融资产中的非生产资产

SNA（2008）将资产负债表的核算内容分为金融资产和非金融资产，非金融资产分为生产资产和非生产资产，土地属于非生产资产中的自然资源，SNA 将土地价值与土地上的建筑物分开，不考虑土地下的矿产以及地下水等资源价值。SEEA 强调土地的物量变化及质量变化，每个核算期需要对土地进行重估价核算。土地资源作为重要的非生产资产应纳入政府资产负债核算范围内。

二、纳入政府资产核算范围的土地类型

（一）土地分类

根据土地使用现状，可将土地分为耕地、园地、林地、草地、商服用地、工矿仓储用地、住宅用地、公共管理与公共服务用地、特殊用地、交通运输用地、水域及水利设施用地、其他土地 12 大类，又可以细分为 73 小类。根据土地用途可将土地分为农用地、建设用地和未利用地三类。

（二）中国土地归国家所有和集体所有

根据我国《宪法》《物权法》，我国城镇土地归国家所有，农村土地归集体所有，不存在土地私有制，各类企业或住户只能获得土地的使用权而不能获得土地的所有权。对于归集体所有的农村土地，需要依据相关法律及地方政府政策征收后才可以转换为建设用地，对于因征收而造成土地类型的转换需单独进行核算。SNA 强调土地的经济所有权，而我国现行法律并没有经济所有权一说，土地的经济所有权包括土地使用权、土地发展权等。

（三）将影响政府资产负债的土地类型纳入政府资产负债核算范围

并非所有土地类型都应纳入政府资产负债核算的范围，只有政府具有使用权或发展权的土地才可以纳入政府资产范围，而具有使用权或发展权的土地如果不存在一定的偿债能力或潜在的偿债能力也不应纳入政府资产负债核算范围。因此，最终纳入政府资产核算范围的土地为国企农林草场用地、国企商服用地、国企工业和仓储用地、公共管理服务用地、铁路用地、收费公路用地、机场用地、港口码头用地。

三、各类土地的价值核算方法

（一）政府资产中土地资源价值核算标准

纳入政府资产核算范围的各类型土地往往由政府直接划拨所得，并没有直接的市场交易价值，通过核算结果难以判断各类土地价值核算方法的优劣，因此应从核算过程来判断各类土地适用的方法。总体而言，政府资产负债中的各类土地价值核算方法应满足符合相关法律法规、符合待估土地的特征、符合各地政府的土地政策以及易于相关基层部门人员实际操作等几项标准。

（二）主要的土地价值核算方法

本书核算的政府资产中的土地价值主要是指通过非市场交易方式获得的土地的价值，对于通过市场交易方式获得的土地，其价值可根据市场交易价格修正得到。可用于土地价值核算的方法主要有基准地价修正法、市场比较法、成本逼近法、收益还原法、剩余法、条件价值法、特征价格法、影响因素建模法、大数据爬虫法等。每种方法各有其利弊及适用性，在具体实践中，各地区统计部门要根据不同类型的土地特征选择一种或几种合适的方法进行土地价值核算。同时，基于互联网技术、大数据技术及地理信息技术的发展，应逐步进行土地价值核算方法的创新，设计更为精细合理的土地价值核算方法。

四、非市场交易土地价值核算分析

（一）综合行政用地价值及价值区间核算

不具有收益能力的公共管理与公共服务用地，如综合行政用地，其价值核算可以以基准地价修正法为基本方法，采用市场比较法核算其当期价值，采用影响因素建模法核算其价值修正区间。市场比较法可以较为真实地反映待估土地的市场价值，时效性高且易于操作，适合核算综合行政用地的当期价值；影响因素建模法适合核算待估土地的价值区间，可根据政府面临债务危机时对土地的不同处理方式以及待估土地的位置、类型等诸多因素核算其未来可能的价值区间。

（二）公园用地的价值核算

对于公园用地价值的核算，除一般公共管理与公共服务用地价值核算的基本方法外，还可以基于游客的支付意愿来核算公园的潜在收益能力进而核算其土地价值。各类核算方法中，基准地价修正法是较为基础的方法；市场比较法适合求公园用地的当期价值；影响因素建模法会因为公园用地容积率较低而低估公园用地价值；条件价值法是基于政府资产负债核算的角度，在政府将免费公园转换为收费公园的条件下公园用地的价值，该方式使得政府保留了公园本身的社会休闲娱乐功能，相比于转让公园用地的方式更为温和，条件价值法核算的公园用地价值将低于政府转让公园用地的价值，可作为政府面临债务危机时处理公园用地的参考依据。

（三）收费公路用地价值核算

对于收费公路用地，可以使用成本逼近法和收益还原法核算其土地价值，两种方法基于不同原理，利用不同的数据，核算结果也存在一定差异。成本逼近法以公路用地的取得、公路修建等各项成本为基础，核算结果受收费公路征地修建等前期各项投入资金的影响较大，受未来道路运营情况的影响较小；收益还原法主要受收费公路未来纯收益的影响，对于未来收益的预测将是影响公路用地价值核算的主要因素，因此如何合理预期未来收益将是运用该方法的关键。在实际操作中，可根据待估公路用地的具体情况选择一种方法进行核算，也可以同时使用两种方法核算，加权求得最终待估土地价值。

（四）案例分析

针对综合行政用地、公园用地的实例分析，共采用了基准地价修正法、市场比较法、影响因素建模法、条件价值法、成本逼近法与收益还原法六种方法。这六种方法适用于政府资产负债核算中大部分非市场交易渠道获得的各类型土地的价值核算，对科研用地、医疗卫生用地、铁路用地等类型的土地价值核算可采用类似的方法。上述案例中，不同的核算方法会导致结果的差异，因此，在各地方统计部门的实际操作中，应根据具体情况选取合适的一种或多种方法进行土地价值核算，以确保核算结果的时效性、可靠性与可比性。

（五）其他非市场交易土地价值核算

政府资产中的其他非市场交易土地如机场用地、港口码头用地、铁路用地、轨道交通用地及风景名胜设施用地等几类土地功能复杂，需要根据各类土地的具体特征将土地细分，然后根据土地类型采用合理的核算方法进行价值核算，最终将各细分类型土地价值核算时期统一，获得该类土地核算期的最终价值。上述各类土地虽然功能复杂，但细分后依旧可以采用市场比较法、收益还原法等方法核算当期土地价值，各地区统计部门在具体核算时可根据待估土地的具体情况，选择合适的方法进行价值核算。

第二节　研究展望

一、土地基础数据的完善

我国目前已开展了土地确权工作[①]，土地所有权的确定将更利于土地资源的资产负债核算。土地基础数据不仅包含官方国土部门或统计部门通过普查方式获取的土地面积等物量数据，也包含各类通过协议转让、挂牌转让等方式成交的土地类型、价格、使用年限等数据，这些数据将在未来土地价值核算中起重要作用。因此，未来关于土地资源数据库的建立将是研究与实践的重点方向。

---

① http：//www.mlr.gov.cn/xwdt/mtsy/cnr/201702/t20170209_1439796.htm.

二、土地价值核算方法的创新

目前对于土地资源价值核算的方法主要有基准地价修正法、市场比较法、成本逼近法、收益还原法、剩余法、CVM 法等方法，不同方法适用于不同的土地类型。本书尝试通过分析影响土地价值的因素来建立模型以进行土地价值核算，但受限于各类影响因素数据的不完善，该方法也存在一定的弊端，随着大数据的发展以及各类基础数据库的建立，结合网络爬虫技术，可以获取更为详细的微观数据，以大量微观数据为基础，则可采用更为合理的新方法，有针对性地核算政府资产中的土地资源价值。当基础数据和微观数据更为全面时，对于影响土地价值的因素分析将会更为精确，结合地理信息系统，可以使用空间统计方法分析影响土地价值的微观因素，通过相关参数的估计分析各类因素对土地价值的影响。对于土地价值的核算还可以借鉴并采用更多的数学方法和统计方法，结合 GIS 系统，做到精准定位、精准估价。

三、土地资源负债的核算问题

目前我国对自然资源的核算仅基于资产核算角度，并未涉及自然资源负债的核算问题，但随着我国新发展理念的出现，基于绿色发展和可持续发展的目的，未来对于自然资源的负债问题核算也将成为官方和民众关注的重点内容。目前已有部分学者从经济学供需原理和自然承载力等角度对自然资源的负债问题进行了探究，其中也涉及土地资源负债问题的研究。如何界定对土地资源的破坏、如何区分土地资源"资产减少"与"负债"等问题都将是未来研究的重点，对于这类问题的研究也需要我国政府相关部门及时出台合理的自然资源开发、利用、保护及处罚的相关法律法规，以及学术界和官方部门的密切合作。

四、土地资源核算数据的开发利用

本书的研究以政府资产中土地资源的核算理论、核算范围以及价值核算方法的探讨为主，由于我国还未完成自然资源资产的确权及调查工作，目前无法进行对土地资源相关数据的挖掘分析。随着我国自然资源资产负债核算的推进以及政府资产负债核算的进行，全国及地方政府将会陆续发布土地资源资产负债数据，对于该数据的开发利用是进行土地资源核算的主要目的，也是未来研究的主要方向。可根据土地资源的相关数据开展土地资源开发与资源保护相关问题、土地财政与经济波动相关性问题、政府债务危机监测预测及预警问题、资源利用率与经济增长问题等诸多问题的研究。

附录 土地利用现状分类与"三大类"对照表

三大类	土地利用现状分类	
	类型编号	类型名称
	0101	水田
	0102	水浇地
	0103	旱地
	0201	果园
	0202	茶园
	0203	橡胶园
	0204	其他园地
	0301	乔木林地
	0302	竹林地
	0303	红树林地
	0304	森林沼泽
农用地	0305	灌木林地
	0306	灌丛沼泽
	0307	其他林地
	0401	天然牧草地
	0402	沼泽草地
	0403	人工牧草地
	1006	农村道路
	1103	水库水面
	1104	坑塘水面
	1107	沟渠
	1202	设施农用地
	1203	田坎

三大类	土地利用现状分类	
	类型编号	类型名称
建设用地	0501	零售商业用地
	0502	批发市场用地
	0503	餐饮用地
	0504	旅馆用地
	0505	商务金融用地
	0506	娱乐用地
	0507	其他商务用地
	0601	工业用地
	0602	采矿用地
	0603	盐田
	0604	仓储用地
	0701	城镇住宅用地
	0702	农村宅基地
	0801	机关团体用地
	0802	新闻出版用地
	0803	教育用地
	0804	科研用地
	0805	医疗卫生用地
	0806	社会福利用地
	0807	文化设施用地
	0808	体育用地
	0809	公用设施用地
	0810	公园与绿地
	0901	军事设施用地
	0902	使领馆用地
	0903	监场教所用地
	0904	宗教用地
	0905	殡葬用地
	0906	风景名胜设施用地

续表

三大类	土地利用现状分类	
	类型编号	类型名称
建设用地	1001	铁路用地
	1002	轨道交通用地
	1003	公路用地
	1004	城镇村道用地
	1005	交通服务场站用地
	1007	机场用地
	1008	港口码头用地
	1009	管道运输用地
	1109	水工建筑用地
	1201	空闲地
未利用地	0404	其他草地
	1101	河流水面
	1102	湖泊水面
	1105	沿海滩涂
	1106	内陆滩涂
	1108	沼泽地
	1110	冰川及永久积雪
	1204	盐碱地
	1205	沙地
	1206	裸土地
	1207	裸岩石砾地

参 考 文 献

［1］敖长林等.CVM 数据分析中的半参数模型及实证研究［J］.系统工程理论与实践，2014（9）.

［2］毕宝德.土地经济学（第七版）［M］.北京：中国人民大学出版社，2016.

［3］陈小悦，陈璇.政府会计目标及其相关问题的理论探讨［J］.会计研究，2005（11）.

［4］陈柏峰.土地发展权的理论基础与制度前景［J］.法学研究，2012（4）.

［5］陈百明，周小平.土地资源学［M］.北京：北京师范大学出版社，2015.

［6］陈志斌.政府会计概念框架结构研究［J］.会计研究，2011（1）.

［7］陈龙等.深圳市宝安区自然资源资产负债表框架构建［J］.生态经济（中文版），2017（12）.

［8］曹远征，马骏.问计国家资产负债表［J］.财经，2012（6）.

［9］曹志宏，郝晋珉，梁流涛.黄淮海地区耕地资源价值核算［J］.干旱区资源与环境，2009（9）.

［10］蔡春，毕铭悦.关于自然资源资产离任审计的理论思考［J］.审计研究，2014（5）.

［11］崔洪军，陈辰.高速公路用地价值估算与节约用地方案制定［J］.公路，2013（5）.

［12］常丽.美、日政府资产负债信息披露全景图比较研究［J］.财政研究，2010（8）.

［13］陈柯等.一种新的利用网络爬虫技术的土地价格指数编制方法［J］.数量经济技术经济研究，2017（3）.

［14］董景山.农村集体土地所有权行使模式研究［M］.北京：法律出版社，2012.

［15］杜金富等.政府资产负债表：基本原理及中国应用［M］.北京：中国金融出版社，2015.

［16］杜金富，王毅，阮健弘.《2008～2016中国政府资产负债表》编制报告［J］.中国金融，2019（3）.

［17］杜方.我国编制和运用自然资源资产负债表初探［J］.中国内部审计，2015（11）.

［18］方恺，朱优蓉.自然资源资产负债表编制的理论与实践［J］.中国环境管理，2019，11（3）.

［19］封志明，杨艳昭，陈玥.国家资产负债表研究进展及其对自然资源资产负债表编制的启示［J］.资源科学，2015（9）.

［20］封志明等.自然资源资产负债表编制的若干基本问题［J］.资源科学，2017，39（9）.

［21］耿建新.我国国家资产负债表与自然资源资产负债表的编制与运用初探［J］.会计研究，2015（1）.

［22］耿建新，唐洁珑.负债、环境负债与自然资源资产负债［J］.审计研究，2016（6）.

［23］耿建新，范长有，唐洁珑.从国家自然资源核算体系到企业自然资源资产披露——基于石油资产平衡表的探讨［J］.会计研究，2017（1）.

［24］耿建新，吕晓敏，苏聿桢.我国国家资产负债表的理论与实践探索［J］.会计研究，2020（4）.

［25］高敏雪.环境统计与环境经济核算［M］.北京：中国统计出版社，2000.

［26］高敏雪.扩展的自然资源核算——以自然资源资产负债表为重点［J］.统计研究，2016（1）.

［27］葛守中.政府财政核算体系（GFS）与中国政府财政统计改革研究［M］.上海：上海财经大学出版社，2016.

［28］郭韦杉，李国平，王文涛.自然资源资产核算：概念辨析及核算框架设计［J］.中国人口·资源与环境，2021，31（11）.

［29］何伟.土地估价理论与实践［M］.北京：科学出版社，2016.

［30］黄贤金，张安录.土地经济学［M］.北京：中国农业大学出版社，2016.

［31］黄溶冰，赵谦.自然资源资产负债表编制与审计的探讨［J］.审计研究，2015（1）.

［32］衡爱民．中美土地征收制度的比较及启示［J］．探索，2015（6）．

［33］胡蓉等．我国耕地资源的资产价值核算研究［J］．西南大学学报（自然科学版），2013（11）．

［34］胡文龙．自然资源资产负债表基本理论问题探析［J］．中国经贸导刊，2014（10）．

［35］胡文龙，史丹．中国自然资源资产负债表框架体系研究——以SEEA2012、SNA2008和国家资产负债表为基础的一种思路［J］．中国人口·资源与环境，2015（8）．

［36］胡浩．政府资产负债管理风险［D］．北京：财政部财政科学研究所，2012．

［37］焦志倩等．自然资源资产负债表编制设计及应用Ⅰ：设计［J］．自然资源学报，2018，33（10）．

［38］路军伟．我国政府会计改革取向定位与改革路径设计——基于多重理论视角［J］．会计研究，2010（8）．

［39］卢新海、黄善林．土地估价［M］．上海：复旦大学出版社，2014．

［40］卢军智等．陕西千渭之会国家湿地公园土地利用变化及其评价［J］．陕西林业科技，2017（4）．

［41］罗胜，向书坚．政府资产负债表的核算主体范围研究［J］．中央财经大学学报，2017（10）．

［42］铃木博明等．土地价值支持以公共交通为向导的开发——在发展中国家应用土地价值捕获［M］．北京：中国建筑工业出版社，2016．

［43］梁航，黄理莉，梁宇．我国公共管理与公共服务用地价格评估研究［J］．科教文汇，2013（10）．

［44］刘西友．自然资源资产负债核算的意义与框架［J］．现代审计与经济，2015（2）．

［45］刘美芸等．从权责发生制和收付实现制看政府会计改革［J］．经营管理者，2013（2）．

［46］刘光忠．改进我国预算会计制度的思考［J］．会计研究，2002（1）．

［47］刘超．自然资源国家所有权的制度省思与权能重构［J］．中国地质大学学报（社会科学版），2014（2）．

［48］刘明辉，孙冀萍．论"自然资源资产负债表"的学科属性［J］．会计研究，2016（5）．

［49］刘红梅，陈煜，王克强．土地资源资产负债表编制研究——以上海

市的报表编制为例［J］. 会计之友，2020（17）.

［50］刘磊，张晓晶. 中国宏观金融网络与风险：基于国家资产负债表数据的分析［J］. 世界经济，2020，43（12）.

［51］刘小娟，张裕凤. 县域土地资源资产负债核算体系构建——以包头市固阳县为例［J］. 干旱区资源与环境，2021，35（6）.

［52］李扬等. 中国主权资产负债表及其风险评估［J］. 经济研究，2012（6）.

［53］李扬等. 中国国家资产负债表2015——杠杆调整与风险管理［M］. 北京：中国社会科学出版社，2015.

［54］李宴. 集体土地他项权利征收补偿制度研究［J］. 中国土地科学，2016，30（7）.

［55］李金华. 中国国家资产负债表的逻辑思考［J］. 经济经纬，2014（5）.

［56］李金华. 中国国家资产负债表卫星账户设计原理研究［J］. 统计研究，2015（3）.

［57］李克强. 论可再生自然资源的属性及其产权［J］. 中央财经大学学报，2008（12）.

［58］李一花，秦玉翠，董娜. 省以下地方政府资产负债表编制与评估研究［J］. 公共财政研究，2017（4）.

［59］李妍，耿继进，郭红领. 基于 Hedonic 模型的深圳房地产价格指数研究［J］. 工程管理学报，2011（3）.

［60］李海姣，杨会东，徐霞. 基于土地伦理的南京市土地资源价值测算［J］. 价值工程，2015（13）.

［61］林四春，刘萍萍. 国家资产负债表：宏微观核算的协调［J］. 财会通讯，2021（3）.

［62］林少群. 基于 SNA 视角的政府资产负债表问题研究［J］. 财会通讯，2020（19）.

［63］联合国等编，国家统计局等译. 2008国民账户体系［M］. 北京：中国统计出版社，2012.

［64］马骏，张晓蓉，李治国等. 中国国家资产负债表研究［M］. 北京：社会科学文献出版社，2012.

［65］马骏. 地方政府资产负债表的编制和使用［J］. 中国金融，2014（14）.

［66］倪书阳，孙付华，沈菊琴．水资源资产负债表构建的若干问题探析［J］．水利经济，2017，35（4）．

［67］彭文静，姚顺波，冯颖．基于 TCIA 与 CVM 的游憩资源价值评估——以太白山国家森林公园为例［J］．经济地理，2014（9）．

［68］潘琰，吴修瑶．地方政府可流动性资产对其偿债能力影响的实证研究［J］．当代财经，2017（7）．

［69］钱欣，王德，马力．街头公园改造的收益评价——CVM 价值评估法在城市规划中的应用［J］．城市规划学刊，2010（3）．

［70］孙玉环．特征价格法：改进我国政府房地产价格统计质量的思路［J］．调研世界，2010（9）．

［71］孙易冰，赵子东，刘洪波．一种基于网络爬虫技术的价格指数计算模型［J］．统计研究，2014（10）．

［72］孙宪华，刘振惠，张臣曦．特征价格法在房地产价格指数中的应用［J］．现代财经（天津财经大学学报），2008（5）．

［73］盛明泉，姚智毅．基于政府视角的自然资源资产负债表编制探讨［J］．审计与经济研究，2017，32（1）．

［74］宋文飞等．矿产资源开发中的土地使用权转让、环境产权分配及利益分成［J］．经济与管理研究，2015（1）．

［75］宋宜存．公路用地与经济增长——基于山东省的实证分析［J］．广东土地科学，2012（1）．

［76］审计署上海特派办理论研究会课题组．领导干部自然资源资产离任审计实现路径研究——以 A 市水资源为例［J］．审计研究，2017（1）．

［77］汤林闽．我国地方政府资产负债表：框架构建及规模估算［J］．财政研究，2014（7）．

［78］汤林闽．中国政府资产负债表：构建及估算［J］．经济研究参考，2014（22）．

［79］汤林闽，梁志华．中国政府资产负债表2019［J］．财经智库，2019，4（5）．

［80］谭术魁等．土地二次开发中政府分享土地增值收益研究［J］．资源科学，2015，37（3）．

［81］田韶华．论集体土地上他项权利在征收补偿中的地位及其实现［J］．法学，2017（1）．

［82］汪佳莉，季民河，邓中伟．基于地理加权特征价格法的上海外环内

住宅租金分布成因分析［J］. 地域研究与开发，2016（5）.

　　［83］王柏杰. 基于地方政府资产负债表的地方债务规模与风险估算——来自中国七个资源型省份的经验证据［J］. 山西财经大学学报，2018，40（10）.

　　［84］王莹，蔡妹姝. 农业土地资源休闲价值评价与市场价格转换［J］. 经济地理，2009（12）.

　　［85］王妹娥，程文琪. 自然资源资产负债表研究［J］. 现代工业经济和信息化，2014（9）.

　　［86］王克强等. 耕地资源资产负债核算体系构建分析——以上海市奉贤区为例［J］. 农业技术经济，2017（10）.

　　［87］王湛等. 从自然资源资产负债表编制逻辑到平行报告体系——基于会计学视角的思考［J］. 会计研究，2021（2）.

　　［88］王毅，郭永强. 政府资产负债表：国际标准与实践［M］. 北京：中国金融出版社，2015.

　　［89］王毅，郑桂环，宋光磊. 中国政府资产负债核算的理论与实践问题［J］. 财贸经济，2019，40（1）.

　　［90］王丽英，俞伯阳. 我国地方政府资产负债表编制的困境与对策［J］. 财经问题研究，2015（11）.

　　［91］王彦. 政府会计［M］. 北京：中国人民大学出版社，2012.

　　［92］吴优. 国民资产负债核算与会计资产负债核算的比较与转换［J］. 统计研究，2002（4）.

　　［93］吴琼等. 自然资源资产负债表编制中的环境成本核算及实证研究——以湖州市为例［J］. 资源科学，2018，40（5）.

　　［94］薛智超等. 自然资源资产负债表编制中土地资源核算体系设计与实证［J］. 资源科学，2015，37（9）.

　　［95］薛智超等. 自然资源资产负债表编制中土地资源过耗负债的核算方法研究［J］. 资源科学，2018，40（5）.

　　［96］徐大伟，刘春燕，常亮. 流域生态补偿意愿的 WTP 与 WTA 差异研究：基于辽河中游地区居民的 CVM 调查［J］. 自然资源学报，2013（3）.

　　［97］许宪春. 中国政府统计重点领域改革［J］. 世界经济，2017，40（2）.

　　［98］向书坚，郑瑞坤. 自然资源资产负债表中的资产范畴问题研究［J］. 统计研究，2015（12）.

［99］向书坚，郑瑞坤．绿色经济核算［M］．北京：中国环境出版社，2016.

［100］向书坚，郑瑞坤．自然资源资产负债表中负债问题研究［J］．统计研究，2016（12）.

［101］向书坚，朱贺．政府资产负债中土地资源核算问题研究［J］．财政研究，2017（2）.

［102］向书坚，朱贺．政府资产中公共管理与公共服务用地价值核算研究［J］．统计研究，2017（10）.

［103］向书坚，罗胜．政府资产负债中资产范围问题研究［J］．统计与信息论坛，2017（6）.

［104］闫弘文，刘玲玲．城镇土地估价方法与参数研究——基于政策·规程·实证的角度［M］．济南：山东人民出版社，2015.

［105］闫慧敏等．湖州/安吉：全国首张市/县自然资源资产负债表编制［J］．资源科学，2017，39（9）.

［106］叶龙等．我国政府会计模式构建过程中主体界定问题初探［J］．会计研究，2006（9）

［107］杨青贵．集体土地所有权实现法律机制研究［M］．北京：法律出版社，2016.

［108］张眉．条件价值评估法下公益林生态效益补偿研究［M］．北京：中国农业出版社，2015.

［109］张效军，欧名豪，高艳梅．耕地保护区域补偿机制之价值标准探讨［J］．中国人口·资源与环境，2008（5）.

［110］张英豪．集体土地增值收益归属国有论的困境与扬弃［J］．湖南社会科学，2016（1）.

［111］张翼飞．CVM研究中支付意愿问卷"内容依赖性"的实证研究——以上海城市内河生态恢复CVM评估为例［J］．中国人口·资源与环境，2012（6）.

［112］张颖．环境资产核算及资产负债表编制——国际经验及前沿［M］．北京：知识产权出版社，2015.

［113］张宏亮．自然资源估计理论与方法研究［J］．山西财经大学学报，2007（3）.

［114］张茹倩等．生态足迹视角下的陕西省土地资源资产核算研究［J］．干旱区资源与环境，2022，36（4）.

［115］张晓晶，刘磊．国家资产负债表视角下的金融稳定［J］．经济学动态，2007（8）．

［116］周守华，陶春华．环境会计：理论综述与启示［J］．会计研究，2012（2）．

［117］诸培新，卜婷婷，吴正廷．基于耕地综合价值的土地征收补偿标准研究［J］．中国人口·资源与环境，2011（9）．

［118］朱道林．中国耕地资源资产核算方法与结果研究［J］．中国土地科学，2017（10）．

［119］中国社会科学院财政税收研究中心"中国政府资产负债表"项目组，汤林闽．中国政府资产负债表2017［J］．财经智库，2017（5）．

［120］中华人民共和国财政部．2014年政府收支分类科目［M］．北京：中国财政出版社，2013．

［121］中华人民共和国国家质量监督检验检疫总局，中国国家标准化管理委员会．城镇土地估价规程（GB/T 18508－2014）［S］．北京：中国标准出版社，2014．

［122］中华人民共和国国家质量监督检验检疫总局，中国国家标准化管理委员会．城镇土地分等定级规程（GB/T 18507－2014）［S］．北京：中国标准出版社，2014．

［123］中华人民共和国国家质量监督检验检疫总局，中国国家标准化管理委员会．城市用地分类与规划建设用地标准（GB/T 50137－2011）［S］．北京：中国标准出版社，2011．

［124］中华人民共和国国家质量监督检验检疫总局，中国国家标准化管理委员会．土地利用现状分类（GB/T 21010－2007）［S］．北京：中国标准出版社，2007．

［125］中华人民共和国国家质量监督检验检疫总局，中国国家标准化管理委员会．土地利用现状分类（GB/T 21010－2017）［S］．北京：中国标准出版社，2017．

［126］中华人民共和国交通运输部．公路工程技术标准（JTG B01－2014）［S］．北京：人民交通出版社，2014．

［127］Armbrecht J, Andersson T D. Contingent valuation method［J］. Encyclopedia of Energy Natural Resource & Environmental Economics, 2016（1）.

［128］Giordano A, Bonfils P et al. The methodological approach to soil erosion and important land resources evaluation of the European community［J］. Soil Technology, 1991, 4 (1).

[129] Bellamy, Rowles S et al. Valuation of land under roads: Accounting issues for valuers [J]. Australian Property Institute, 1998, 35 (3).

[130] Edens B, Graveland C. Experimental valuation of Dutch water resources according to SNA and SEEA [J]. Water Resources & Economics, 2014 (7).

[131] Bartelmus P. SEEA – 2003: Accounting for sustainable development [J]. Ecological Economics, 2007, 61 (4).

[132] Bartelmus P. Environmental-economic accounting: Progress and digression in the SEEA revisions [J]. Review of Income and Wealth, 2014, 60 (12).

[133] Bartelmus P, Stahmer C, Tongeren J V. Integrated environmental and economic accounting: Framework for a SNA satellite system [J]. Review of Income & Wealth, 2010, 37 (2).

[134] Barton A. Land under roads: A financial bonanza or fool's gold? [J]. Australian Accounting Review, 2010, 9 (17).

[135] Barnhill T, Kopits G. Assessing fiscal sustainability under uncertainty. IMF Working Papers, 2013.

[136] Burger P, Siebrits K, Calitz E. Fiscal consolidation and the public sector balance sheet in South Africa [J]. South African Journal of Economics, 2016, 84 (4).

[137] Bova E, Dippelsman R et al. Another look at governments' balance sheets: The role of nonfinancial assets [J]. Western Journal of Emergency Medicine, 2013, 13 (95).

[138] Boot A W A, Thakor A V. Off-balance sheet liabilities, deposit insurance and capital regulation [J]. Journal of Banking & Finance, 1991, 15 (4).

[139] Chuai X, Huang X et al. Land use and ecosystems services value changes and ecological land management in coastal Jiangsu, China [J]. Habitat International, 2016 (7).

[140] Chan J L, Yang Q S, Heiling J. International proposals for aligning government budgets, accounts and finance statistics: Implications for Chinese practices [J]. Working Paper, 2013.

[141] Cúrdia V, Woodford M. The central-bank balance sheet as an instrument of monetary policy [J]. Journal of Monetary Economics, 2011, 58 (1).

[142] Cohen J P, Fedele M J. Connecticut's land value taxation public act:

Who would bear the burden? [J]. Journal of Real Estate Research, 2017, 39 (1).

[143] Doron L. Land use for transport projects: Estimating land value [J]. Land Use Policy, 2015 (42).

[144] David P. Valuing natural resources and the implications for land and water management [J]. Resources Policy, 1987 (12).

[145] Elhawary H M A, West B. All for nothing? Accounting for land under roads by Australian local governments [J]. Australian Accounting Review, 2015, 25 (1).

[146] Forte, Fabiana. New land values patterns in the space of the Italian metropolitan areas: The case of the logistic retro-port in Naples [J]. Procedia-Social and Behavioral Sciences, 2016, 223 (1).

[147] Fitriani R, Sumarminingsih E, Astutik S. The dynamic and indirect spatial effects of neighborhood conditions on land value, spatial panel dynamic econometrics model [C]. Ism International Statistical Conference. AIP Publishing LLC, 2017.

[148] Gundimeda H, Sukhdev P et al. Natural resource accounting for Indian states-illustrating the case of forest resources [J]. Ecological Economics, 2007, 61 (4).

[149] Goldsmith R W. The uses of national balance sheet [J]. Review of Income and Wealth, 1966 (2).

[150] Higgins C D, Kanaroglou P S. Forty years of modelling rapid transit's land value uplift in North America: Moving beyond the tip of the iceberg [J]. Transport Reviews, 2016, 36 (5).

[151] Hana P. Contingent government liabilities: A hidden risk for fiscal stabilities. World Bank Policy Research Working Paper, 2016.

[152] Irwin T C. Dispelling fiscal illusions: How much progress have governments made in getting assets and liabilities on balance sheet? [J]. Public Money & Management, 2016, 36 (3).

[153] IMF. Government Finance Statistics Manual [M]. Washington: 2001.

[154] IMF. Government Finance Statistics Manual [M]. Washington: 2014.

[155] Joshi O, Poudyal N C, Hodges D G. Economic valuation of alternative land uses in a state park [J]. Land Use Policy, 2016 (10).

[156] Johnson B, Whitehead J. Value of public goods from sports stadiums:

The CVM approach [J]. Contemporary Economic Policy, 2010, 18 (1).

[157] Michelson H, Tully K. The millennium villages project and local land values: Using hedonic pricing methods to evaluate development projects [J]. World Development, 2017, 101 (1).

[158] Mcmillen D P, Mcdonald J F. Urban land value functions with endogenous zoning [J]. Journal of Urban Economics, 1991, 29 (1).

[159] Mellor T. Why governments should produce balance sheets [J]. Australian Journal of Public Administration, 1996, 55 (1).

[160] Mulley, Corinne et al. Residential property value impacts of proximity to transport infrastructure: An investigation of bus rapid transit and heavy rail networks in Brisbane, Australia [J]. Journal of Transport Geography, 2016 (5).

[161] Sutton N J, Cho S, Armsworth P R. A reliance on agricultural land values in conservation planning alters the spatial distribution of priorities and overestimates the acquisition costs of protected areas [J]. Biological Conservation, 2016, 194 (1).

[162] Park, Yong et al. A Study for the influence factors of land value by urban streetscape improvement [J]. Residential Environment Journal of the Residential Environment Institute of Korea, 2016, 14 (2).

[163] Revell J. The national balance sheet of the United Kingdom [J]. Review of Income and Wealth, 2010, 12 (4).

[164] Roy P R A. Monetary accounting of ecosystem services: A test case for Limburg province, the Netherlands [J]. Ecological Economics, 2015, 112 (4).

[165] Sills E O, Caviglia-Harris J L. Evolution of the amazonian frontier: Land values in Rondnia, Brazil [J]. Land Use Policy, 2009, 26 (1).

[166] Schneider M, Tornell A. Balance sheet effects, bailout guarantees and financial crises [J]. Review of Economic Studies, 2010, 71 (3).

[167] Seiferling M. Stock-flow adjustments, government's integrated balance sheet and fiscal transparency [J]. Social Science Electronic Publishing, 2013, 13 (63).

[168] Seiferling M, Tareq S. Fiscal transparency and the performance of government financial Assets [J]. Social Science Electronic Publishing, 2015, 15 (9).

[169] Sandri D. Dealing with systemic sovereign debt crises: Fiscal consolidation, bail-ins or official transfers? [J]. IMF Working Papers, 2015.

［170］Sekkel R M. Balance sheets of financial intermediaries: Do they forecast economic activity? ［J］. International Journal of Forecasting, 2015, 31 （2）.

［171］Schaller S, Guinand S. Pop-up landscapes: A new trigger to push up land value? ［J］. Urban Geography, 2017 （1）.

［172］Ufier A. The effect of VATs on government balance sheets ［J］. International Tax & Public Finance, 2017 （24）.

［173］United Nations, European Commission, et al. System of environmental-economic accounting 2012: Central framework ［DB/OL］. https: //unstats. Un. org/. 22 – 54.

［174］Wenner, Fabian. Sustainable Urban Development and Land Value Taxation: The case of Estonia ［J］. Land Use Policy, 2016 （8）.

［175］Warren, Ken. Developing a government's balance sheet: Does it improve performance? ［J］. Public Money & Management, 2012, 32 （1）.

后 记

此文完成，已过三载春秋；此书修订，又近四载；万千感慨，于此抒怀。

博士求学之苦，苦于孤寂却得以磨炼心志；博士求学之乐，乐于探索而心愈弥坚！虽三载却感此路漫漫，此间得师长教导与同窗相助，不胜感激；得家人关怀与挚友相伴，铭记于心！

吾师向书坚教授，学识渊博，于学术严谨审慎，于生活乐观随和。遇恩师近十载，所教所传，受益终生。业易授而道难传，知识可言传而态度需身教，严谨之科研态度传一息而铭记终生。犹记初次论文修改，大至行文思路，小至别字标点，红蓝批注跃于纸上，余至此谨记。记于心，不限论文报告之撰写；随于行，不囿于科研学术；吾之所幸，得遇严谨谦逊之恩师，不知何所谢，唯奋力前行而不负所望！

鲲成于沧海，乃因北冥之阔可哺育万物；鹏飞于苍穹，皆因九天之广任其遨游。学子成才乃因学校自由之环境，诸多教师辛勤之培养，吾得有所学，皆感恩母校教育培养。于此书初稿撰写之际，得母校中南财经政法大学统计与数学学院诸多教授指导帮助，使此书思路清晰、论述详备，感谢诸位老师画龙点睛之意见，鞭辟入里之分析，愿此后学术之路仍可得诸多老师指导批评！科研之苦在于寂寞，求学之路得遇诸位师门同学相伴，何其幸哉；三载学习，得诸位博士同学相伴鼓励，调素琴、阅金经，激扬文字，使黑白入彩；愿诸君乘风破浪，前程似锦！

工作近四载，得浙江工商大学统计与数学学院诸位领导指点、同事帮助，于科研、教学、育人及行政多方面收获良多，本书出版亦得到学科经费支持。唯潜心科研，用心教学，不忘教师之初心，牢记育人之使命，以报国家和学校学院栽培之情！

读书万卷，行路万里，皆为听古今先贤之言学为己用。自硕士求学至今，于校内校外多次聆听统计学界等诸位专家之讲座，得以开阔视野，丰富对经济统计学之认识。得多位专家对本书所发表论文之指导批评，使本书得以完善。愿随诸位师长开拓创新，于统计学发展之路尽绵薄之力。

　　志同道合，便能引其类。于此求学工作之际，与诸多统计青年教师博士相识，创办"经济统计读书会"公众号、开辟人大经济论坛"经济社会统计专版"，兴趣所致而自得其乐，愿与诸位共勉共促，志量恢宏纳百川，遨游四海结英贤。

　　求学工作之路遇诸多苦楚，更感念父母不易、姐弟情深，游子之心虽被论文屠戮千疮百孔，有家得以安放实乃毕生福分；二十八载养育之恩，唯有终生相报，于杭城四年，仍聚少离多，愿儿无论身在何方，皆能常伴二老左右，看东海流水，赏南山青松！

　　吾妻梁燕，与卿相识于龙子湖畔，同窗七年，自绿城至江城，一路相伴相随；相恋十余载，任时空转换，不离不弃。博士三载，屈卿忍吾情绪之跌宕，随投稿论文之进展喜怒哀乐；得卿悉心照料，使吾依旧发密眉浓。工作四载，随吾漂泊动荡，生子安家，卿之付出吾感吾知。愿佳人此生相伴，岁月回首，以情深共白头！任它南湖西湖畔，随它江城杭城中，娶妻如此，夫复何求！吾儿简一，性情随父，亦乃奋斗之动力源泉，愿明大道至简，万物归一，至简则至乐，随心逐梦，不负年华！

　　万千感谢，难以辞表，疫情之际，感慨良多，行文至此，以先贤之言与诸君共勉：

　　路漫漫其修远兮，吾将上下而求索；

　　亦余心之所善兮，虽九死其犹未悔！

朱　贺

2018 年 5 月 15 日于晓南湖

2022 年 3 月 7 日修订于钱塘江畔